인도의 경전들
베다 본집에서 마누 법전까지

차례
Contents

03힌두 경전 13베다 36베다의 해설서들 42우파니샤드: 인도 철학의 형성 58대서사시 70수뜨라 73신화집: 뿌라나 82마누 법전

힌두 경전

인도 문화의 근간, 베다

하나의 진리를 두고 학식 있다는 자들이 저마다의 방법으로 말할 뿐이다. (『리그 베다』 1.164.46)

베다는 모든 다르마의 근본이다. (『마누 법전』 2.6)

인도 문화는 대단히 오래되었을 뿐 아니라 지속성을 가지고 있고, 또 다양하지만 그 안에 통일성이 있다고들 한다. 인도 문화의 특징을 짚어 주는 이러한 말들은 대개 '베다'라는 천계서天啓書, 즉 하늘로부터 계시로 받았다고 믿는 경전과 깊은 연관이 있다. 인도 문화의 어떤 부분을 기술하든 또는 어떤 방식으로 인도 문화를 설명하든 베다는 그 시작점이 된다. '베다'는 '지식'이라는 문자적 의미를 가지고 있는데, 많은 인도인들은 베다가 인도의 사상, 철학, 종교뿐 아니라 문학, 예술, 과학 등 모든 학문의 뿌리이자 보고寶庫라고 설명한다.

문헌으로서의 베다는 세계적으로 최고最古의 문헌으로 꼽히는데, 이 시기를 전후한 모든 기록과 현존 문헌 가운데 가장 방대하고 가장 상세한 기술이 담겨 있기 때문이다. 내용과 형식의 성격상 베다는 시집으로, 때로는 철학적인 고전으로 다루어진다. 실제로 많은 사람들은 베다를 신에 대한 찬가와 의례에 사용되는 주문이 담긴 경전이라고 생각하지만, 동시에 모든 구절들이 비유와 음률적 감흥이 넘치는 시의 형태로 되어 있기 때문에 아주 오래된 시집이며, 인도 사상의 가장 오래된 사유의 흔적을 곳곳에서 찾아볼 수 있는 철학적 고전이기도 하다. 베다에는 인간을 둘러싼 자연을 비롯하여 보이지 않는 모든 문제들을 탐색하고 해결하고자 했던 고대인들이 남긴 기록이 있다. 베다인들은 자연 뒤에 숨은 엄청난 힘을 다양한 자연신들과 그 모든 힘들을 만들어낸 모든 존재의 근원인 미현현未顯現(avyaka)으로 사유했다.

고대 인도인들은 베다를 그대로 학습하고 전승하기 위해 음성학(Śikṣā), 어원학(Nirukta), 문법학(Vyākaraṇa), 운율학(Chanda), 천문학(Jyotiṣa), 설계 및 건축학(Śilpa) 등 여섯 가지 부속 학문까지 만들었다. 이러한 모든 학문은 베다 정신을 계승하는 것이었다. 심지어는 불교, 자이나교의 신자나 유물론자들이 공개적으로 베다를 거부했을 때 이들은 '믿음이 없는 자들(Nāstikas)'로 낙인찍혔고 끊임없는 비판의 대상이 되었다.

이 책은 베다를 비롯한 경전들의 성격과 그 구체적인 내용을 살펴보기 위한 것이다. 이것은 인도 문화를 구성하는 핵심적 요소인 힌두이즘의 이론적 배경을 탐색하는 기회를 제공해 줄 수 있을 것이다. 독자들은 이 책에서 다루는 경전들의 전통을 통해서 각자의 관심에 따라 우리 문화의 형성에도 큰 영향을 미친 불교가 인도 문화의 어떤 배경에서 시작되었는지, 불교 경전을 통해 우리에게 익숙한 '경經'이라는 형식이 인도 문화에 어떤 의미가 있는지, 인도 신화의 배경과 내용은 어떠한지, 종교 철학적 전통에서 발달한 관념론이 실제로 인도 문화에는 어떤 영향을 미쳤는지 등에 대한 해답을 나름대로 탐색해 볼 수도 있을 것이다.

삶의 방식: 문화로서의 종교

경전으로 불리는 베다가 인도 문화의 근간으로 여겨지는 까닭은 무엇일까? 그것은 베다가 특정한 종교의 경전이라기보다 그 이상의 상징적 위상을 가지고 있기 때문이다. 이것을 이해하려면 인도 문화에서 종교가 가진 의미를 생각해 볼 필요가 있다.

힌두교의 '교'는 사실 종교라기보다는 하나의 문화이다. 그것은 특정한 종교적 체계로서 설명할 수 있는 것이 아니고, 그 지역의 복잡 다양한 종교 문화를 모두 아울러 지칭하는 것이기 때문이다.

인도 인구의 70퍼센트 이상이 속해 있는 힌두교라는 '삶의 방식'에서는 전통적으로 탄생 의례나 결혼 의례 등 각종 의례들을 힌두력에 따른다. 힌두 우주관과 가치관에 기초한 이 힌두력에 따라 작명이 이루어지고 결혼 상대, 결혼 일시, 시간을 결정하기도 한다. 힌두 구성원들이 만들어 내는 모든 문화적 산물들 또한 이 안에서 만들어진다. 또한 힌두 구성원 여부는 태어날 때 이미 힌두력 안에서 정해진다. 따라서 이러한 힌두들의 전통적 종교관에서는 자신의 종교를 전파하기 위한 포교 활동이나 타 종교로의 개종이라는 개념은 마치 문화를 임의로 바꾸려고 하는 것처럼 적어도 정상적 범주를 넘어서는 행위로 간주될 수 있다.

문화로서의 이러한 힌두교는 이미 기원전에 인근에 있는 남아시아 지역뿐 아니라 동남아시아로 전파되었으며, 그곳의 고유한 요소들과 결합함으로써 종교가 아닌 각 지역 문화를 만들어 냈다. 이어진 불교, 이슬람교의 전파 또한 동아시아와 동남아시아의 삶의 방식을 현재의 모습으로 만들어 내는 데 크게 기여했으며, 특히 캄보디아, 고대 참파, 발리 등의 문화에는 힌두교의 영향이 절대적이었다.

문화와 민족주의

인도에 거주하는 사람 또는 거주했던 과거를 가진 사람들은 자신들의 문화적 정체성을 국가 단위가 아닌 종교 단위를 통해 확인한다. 인도인이라는 민족이나 국가 의식보다 '힌두' '무슬림'과 같은 종교인으로서의 의식이 우선된다는 것이다. 그것은 이들에게 있어서 종교가 개인이 선택할 수 있는 어떤 것이 아니라 태생적으로 주어지는 너무나도 자연스러운 '삶의 방식'이기 때문이다.

최근 통계로 보면 인도 인구의 절대 다수인 70퍼센트가량이 힌두로 분류되고, 20퍼센트가량은 무슬림이며, 나머지는 시크교도, 기독교도, 자이나교도, 불교도 등이라고 한다. 아무런 종교도 가지지 않은 사람은 없다고 해도 과언이 아니다. 아무리 소극적인 태도로 임한다 해도 정도의 차이가 있을 뿐 어느 '삶의 방식' 안에든 포함된다. 그런데 식민주의를 경험하는 동안 인도인들도 국가나 민족 단위의 정체성을 만들어 갔고, 여기에 그 다양한 '삶의 방식'이 기준이 되었다. '힌두 민족주의' '무슬림 민족주의'는 같은 국가에 속해 있지만 정체성이 서로 분명히 다른 인도의 다양한 민족주의의 이름이다. 특히 힌두 민족주의가 다시금 인도 사회를 압도한 지난 20여 년간 인도 문화에 있어 베다는 대중들에게 고고학적 원천이 되어 왔다. 베다를 근거로 하는 주장과 구호는 언제나 힌두 사회에서 강력한 이데올로기를 만드는 데 유효하기 때문이다.

문화의 기록: 경전들

힌두교는 종교라기보다는 삶의 방식이기 때문에 '베다'라는 탐색의 시작점도 일련의 문화적 산물로서 무수한 종교적 체계들과 철학적인 체계들을 만들어 냈다. 하지만 서양의 기독교와 철학이 그랬듯 종교와 철학이 갈등을 빚는 일이 거의 없었다.

그 이유를 알려면 베단따(Vedānta)류 일원론과 상키야(Sāmkhya) 등 이원론 철학의 인식론들을 함께 이해해야 할 뿐 아니라 다양한 인식론들이 서로 충돌하지 않고 관용의 우산을 공유하고 있는 현상을 또한 이해해야 한다. 이 문제에 대해 간단히 말하자면, 각기 다른 인식론을 바탕으로 하고 있는 모든 철학의 갈래들도 결국 인간의 완전한 자유 상태를 꿈꾸는 '해탈'이라는 공통의 목적을 가지고 있었다는 점이 하나의 힌트가 될 수 있을 것이다.

힌두교의 구성 요소의 일부인 경전들 역시 이러한 목적에 직간접으로 연관되어 있다. 다시 말하면 베다의 자연·우주에 대한 탐색으로부터 우파니샤드의 인간의 존재론적 자유 추구의 씨앗이 잉태되었고, 뿌라나(Purāṇas)와 대서사시 등 수많은 신화들을 통해 자유로 가는 길을 인도해 줄 신들을 숭배했으며, 니야야, 바이셰시까, 상키야, 요가, 미망사, 베단따 등 여섯 갈래의 주류 철학들과 비주류로 지목되었던 불교, 자이나교 철학을 발전시킨 수많은 경전들, 『까마 수뜨라 Kāma Sūtra』

와 같은 성애학性愛學 경전, 『마누 법전Manu Smṛti』과 같은 법전 등을 통해 삶의 질서와 자유 등에 대한 현실적 고민들도 표출되었다.

힌두 경전의 특수성과 보편성

 힌두들은 현대 들어 점점 더 '힌두는 하나'라는 인식을 갖게 되었지만 본래 힌두교는 너무나도 다양한 종교적 행태를 동시에 보이기 때문에 그것을 하나의 종교라고 칭하기에 어려움이 있다. 사실 하나의 힌두라는 의식은 18세기 이후 서구 제국주의에 자극받아 자신들의 정체성을 규정하기 시작한 데에서 출발하였다고 할 수 있다. 말하자면 다양성을 바탕으로 유지되어 온 인도 사회의 다수 구성원들이 스스로 힌두라는 공통의 뿌리를 가지고 있다고 믿게 됨으로써 생긴 것이다. 그 과정에서 그들 스스로가 공유하는 구체적인 뿌리로 꼽은 것이 바로 베다, 우파니샤드, 『바가와드 기따』 『라마야나』 『마하바라따』 등 소위 경전經典이라고 불릴 수 있는 것들이었다.

 물론 다른 종교에서의 경전과 같은 절대적인 위치를 이 텍스트들이 가지고 있는 것은 아니다. 현대 힌두교로 불리는 다양한 믿음 체계들은 제각기 다른 이름의 신을 섬기고, 다른 관습과 규범을 가지고 있다. 경전도 전혀 통일되어 있지 않다. 경전이 여러 개일 수도 있고, 하나일 수도 있고, 또 아무리 신실한 신자라도 따로 경전을 보지 않을 수도 있다.

이처럼 힌두교 경전은 기독교나 이슬람교처럼 통일된 체계로 이루어진 종교들의 그것과는 대단히 다르다. 힌두교에는 경전이 반드시 있어야 한다는 정해진 기준도 없고, 어떤 것은 절대 안 된다는 기준도 없다. 그럼에도 불구하고 이 경전들은 수백 년에서 천 년이 넘도록 종교적 가르침과 영감을 제공하는 나름의 역할을 하고 있다.

천계서와 전승서

힌두교에 따르면, 인도 문화를 형성한 경전에는 신으로부터 직접 계시를 듣고 적었다는 천계서天啓書(śruti, 하늘로부터 '들은 것')와 천계서의 내용을 기억하기 위해 사람이 쓴 전승서傳承書(smṛti, '기억해야 할 것')가 있다.

본래 천계서는 베다 본집, 즉 『리그 베다Rig-veda』 『사마 베다Sāma-veda』 『야주르 베다Yajur-veda』 『아타르와 베다Atharva-veda』의 네 베다를 지칭하지만, 실제로 인도 경전 전통에서 천계서의 범위는 이들 본집에 대한 해설서로 발달한 각종 브라흐마나(Brāhmaṇas), 각종 아란야까(Āraṇyakas), 각종 우파니샤드(Upaniṣads)가 포함된다.

천계서는 하늘의 계시이고 전승서는 사람의 저작이므로 천계서는 전승서보다 더 신성하다고 여겨진다. 따라서 베다나 브라흐마나, 아란야까, 우파니샤드는 누구나 접근할 수 있는 경전이라기보다는 선택받은 사람들, 말하자면 사제(브라만)가

학습하고 이를 선택된 사람들에게 전달해 주는 것이다.

전승서는 이에 비해 누구나 접근 가능한 대중적 경전이라고 할 수 있다. 특히 양심과 행동의 철학을 제시하는 『바가와드 기따』와 『라마야나』는 힌두들이 가장 가까이 접하는 경전으로 꼽을 만하다. 또 전승서에는 다양한 철학적 인식론들과 윤리학, 성애학, 설계 및 건축학, 문법학, 음성학 등 개별 학문들의 체계적 이론을 수록한 각종 경經들과 브라흐마, 비슈누, 쉬와 등 세 신을 위시한 다양한 신격들의 이야기가 담긴 각종 신화집(Purāṇas), 다르마의 구체적 전형을 제시하는 『마누 법전』 등이 있다. 물론 이 외에도 정치의 이론을 다룬 『실리학實利學 Artha Śāstra』, 연극의 이론을 집대성한 『극학劇學 Nāṭya Śāstra』 등 베다에 그 뿌리를 두고 만들어진 다양한 갈래의 학문 영역의 고전들도 포함된다. 이러한 전승서들은 천계서의 계시를 기억하기 위해 사람이 '지은' 것이다. 물론 누군가가 지었겠지만 그게 누군지는 알 수 없다. 왜냐하면 천계서의 교훈을 기억하도록 하기 위해 이 일에 관계한 사람들은 계시를 지키기 위한 이러한 작업에 신화적 저자의 이름만 두고 그 속에 파묻힐지언정 감히 자신의 이름을 남기지 않았기 때문이다. 천계서라는 텍스트 앞에서 그들은 아무리 뛰어난 학자라도 겸손하게 자신의 이름을 내세우지 않았고, 다만 앞서 간 스승의 발자취를 따라 걸을 뿐이었다.

힌두교라는 종교의 특성에서도 알 수 있는 것처럼 경전이 이렇게 많음에도 불구하고 그 어느 경전도 힌두교 정신을 온전히 드러낼 수는 없다. 이 경전들은 다양한 유형의 힌두교적 삶의 방식에 일련의 공통성을 부가하는 계기로 작용하고 있다고 할 수 있다.

<한두 경전의 분류>

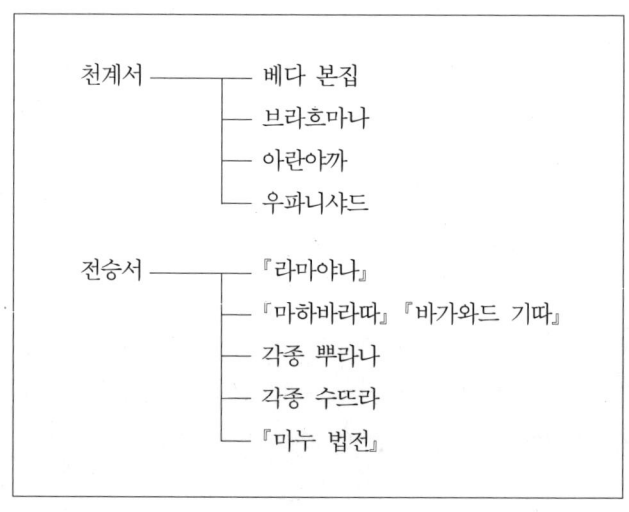

베다

베다의 의의

오늘날 힌두교는 베다에 중요한 의미를 둔다. 힌두교 사상을 대표하는 윤회輪廻(saṁsāra)와 업業(karma), 아뜨만Ātman, 個體我)과 브라흐만(Brahman, 宇宙魂) 등의 개념은 기원전 6세기경의 우파니샤드를 통해 정착하였는데, 이것이 베다의 정수精髓로 불릴 뿐 아니라 적어도 형식적으로 베다를 근간으로 하는 것이었기 때문이다. 오늘날 힌두교의 대표 경전으로 불리는 18종의 우파니샤드, 『바가와드 기따』 등도 베다 없이는 존재하지 않았을 것이라고 한다.

그런데 제각기 다른 관습과 규범 속에 살아가는 인도인들

스스로가 베다를 공유하고 있다고 믿는다고 해서 모두 실제로 베다 지식을 가지고 있는 것은 아니다. 인도 전역에서 치러지는 결혼식이나 장례식과 같은 일생의 주요한 의례에서 베다의 주문들이 사용된다. 따라서 베다는 현실적으로 각종 의례용 주문을 담고 있는 경전이다. 따라서 힌두들은 '베다'라는 용어를 사용할 때 문헌으로서의 베다보다는 '의례용 주문呪文' '형이상학적 가르침' 또는 '계시'의 의미로 사용한다.

실제로 아주 오래전부터 오늘날까지 베다는 인도에서 제사에 참여하는 브라만 사제들의 각기 다른 역할에 대한 지침서로 사용되었다. 『리그 베다』는 '호뜨리'라는 『리그 베다』 찬가 전문 사제를 위한 것인데, 그는 제사를 주관하고 『리그 베다』의 시를 낭송하는 제관이다. 베다의 시를 '만뜨라(mantra, 呪文)'라고 하는데, 이 말은 신통력을 일으키는 시, 즉 주문으로 알려져 있다. 『사마 베다』는 낭송 전문 사제인 '우드가뜨리'를 위한 것이며, 그는 『사마 베다』를 음률로 노래하는 제관이다. 『야주르 베다』는 제사의 절차와 형식을 담당하는 '아드와리유'를 위한 것이며, 그는 『야주르 베다』의 주문을 외우는 제관이다. 나머지 '브라만'이라고 불린 사람들은 『아타르와 베다』를 낭송하는 사제였다. 말하자면 네 가지 베다는 제사를 지내기 위한 사제용 실용서였다.

베다 문화의 주인 아리아인

> 햇살이 모여 이룬 듯 신들이 모여 이루어진 저 놀라운 모습,
> 미뜨라, 바루나, 아그니 신 그 모든 신들의 눈이 솟아났네.
> 솟아오르더니 하늘과 땅 그리고 그 사이 세상을 온전히 비추어 주네,
> 태양신 수리야는 움직이거나 움직이지 않는 모든 것들의 숨이라. (『리그 베다』 1.115)

베다의 여러 신화들은 인도 대륙으로 들어온 아리아인들의 세계관과 그들이 마주쳤던 토착민들에 대한 패권을 보여 주고 있다. 현재 우리에게 남겨진 가장 오래된 부분인 『리그 베다』는 기원전 1500년경에 성립된 것이므로 아리아인들보다 적어도 1000년 전에 화려한 문명을 꽃피웠던 인더스문명의 주인공들은 이미 스러져 가는 문명의 힘없는 원주민에 불과했다. 이처럼 인도 대륙에 들어온 아리아인들은 그 상대에 비해서 군사적 측면에서 우위에 있었으며, 더욱이 자신들만의 신들에 대한 자부심에 차 있었다. 이것이 바로 소위 '현자'로 불리는 베다를 기록한 시인들에게 영감으로 작용한 힘이었을 것이다.

아리아인들이 맨 처음 어디에서부터 어떤 경로를 거치며 이동해 왔는지는 불분명하다. 단지 아리아인들이 초기 청동기 문화를 소유한 유목민이었으며, 가벼운 바큇살을 이용하여 자유롭게 회전하며 이동할 수 있는 수레나 전차를 가지고 있었

다는 사실 정도를 『리그 베다』의 내용을 통해 추측할 수 있을 뿐이다. 어쨌든 아리아인들이 인도 대륙에 들어와 베다를 정착시킨 이 시기를 우리는 베다 시대라고도 부른다. 베다는 아리아인들의 공동체적 생활상에 대한 상세한 정보는 주지 못하지만, 신에 대한 찬가를 통해 전차를 타고 전쟁을 하는 신들의 모습을 통해서 당시 아리아인들이 전쟁을 찬미했고 본래 유목 문화를 가지고 있었다는 사실을 확인할 수 있다.

베다의 언어 산스끄리뜨

한편 18세기 이후 진행된 『리그 베다』의 언어에 대한 연구는 '인도유럽어'와 같은 언어 계통을 밝히는 결정적인 계기가 되었다. 이 과정을 통해 밝혀진 것은 오늘날 북인도에서 사용되는 언어들과 대개의 유럽어들은 기원전 2000년 이후로 각기 다른 방향으로 흘러간 아리아인들에 의해서 전해졌다는 것이다.

『리그 베다』의 언어는 산스끄리뜨로 알려져 있는데, 엄격하게 말하면 산스끄리뜨는 두 가지이다. 『리그 베다』의 언어는 베다의 시어로만 사용된 '베다 산스끄리뜨'라고 하고, 그 밖에 우리가 볼 수 있는 인도 문화의 대표적인 고전들이 기록된 언어는 '고전 산스끄리뜨'라고 한다. 이 둘의 차이는 전자가 화석화된 고대어인데 반해 후자가 기원전 5세기경 빠니니(Pāṇini)가 정리한 문법에 의해 교양어로 정제된 언어라는 점이다. 산스끄리뜨를 기록하는 문자는 '거룩한 신의 거처'라는 뜻의 '데바나가리(Devanāgarī)'이다. 이러한 산스끄리뜨는 통용어로서의 위치는 결코 얻지 못했지만 고차원적인 지식과 상층 문화를 구성하는 핵심적이고도 상징적인 언어로서 보호받고 있다. 다언어 사회인 인도의 헌법은 16개의 국어를 지정하고 있는데, 이 중에는 실제로는 통용어로 사용되지 않는 산스끄리뜨가 포함되고, 또 국영방송에서는 산스끄리뜨로 뉴스를 방송하기도 한다.

<인도유럽어족과 인도의 언어>

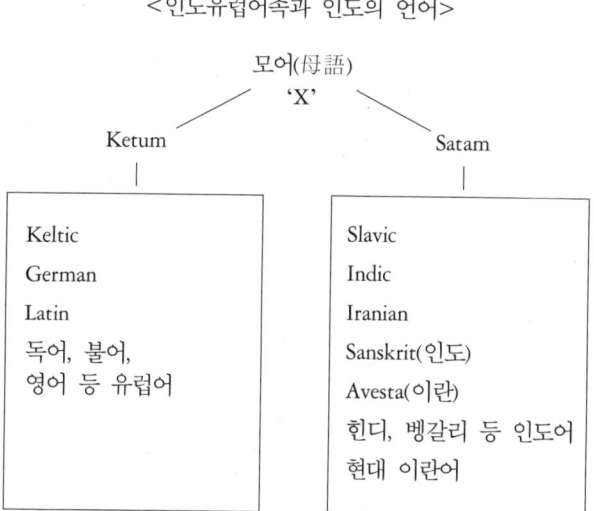

『리그 베다』와 우주 질서

자연신들을 찬양하는 베다의 찬가들을 보면 우리는 인더스 강 유역으로 들어온 초기 아리아인들이 바루나(Varuṇa)라는 신을 숭배했음을 알 수 있다. '바루나'라는 이름은 산스끄리뜨 어근 '덮다(vṛ)'에서 파생된 것으로서 이 신은 세상을 덮고 있는 자, 즉 우주의 지배자이다. 바루나 신은 또한 우주의 질서인 '리따(Rta)'를 떠받치고 있는 존재이다. 리따란 다른 종교에서도 찾아볼 수 있는 우주적 질서 또는 문자나 의미로 봤을 때 중국 도가 철학의 '도道'와 유사한 개념이라고 할 수 있다. 이 리따를 떠받치는 바루나는 무시무시한 두려움, 분노의 성격을 가지고 있으며 동시에 그를 숭배하는 사람들에게 자비를 베풀기도 하는 사법의 신이다.

베다 시대 초기에는 바루나가 도덕의 통치자로서 초기 모든 아리아 신들 가운데 가장 우월한 위치에 있었다. 베다 시대 사람들은 우주의 법이 인간이 살고 있는 영역의 상층, 즉 하늘뿐 아니라 하층인 땅과 지하 세계에도 적용되는 것으로 생각했다. 그래서 별들이 하늘이라는 공간을 그 정해진 길을 따라 움직여 가는 것처럼 도덕적 행위의 영역에는 반드시 '옳은/마땅히 가야 할' 길이 존재한다고 믿었던 것이다. 모든 존재들의 행위에 기준이 되는 이러한 길은 절대 사라지거나 끊기거나 급변하는 일 없이 꾸준하기 때문에 '리따'라고 했다. 후대 힌두 사상이나 불교 사상에서 찾아볼 수 있는 '다르마'라는 개

넘은 바로 이 '리따'에서 이어진 것이다.

그런데 언제부터인가 바루나는 베다 신들의 왕인 인드라에게 그 절대의 자리를 내준 것으로 보인다. 인드라는 바루나에 비하면 지배자라기보다는 전쟁 영웅처럼 보인다.

드라비다 문화와 아리아 문화의 융합

고도의 기술력으로 수레바퀴가 달린 전차를 탄 아리아인들이 인도 북부 지역을 장악했다고는 하지만, 문화적으로는 오히려 그 지역 본토인들의 문화에 동화되거나 부분적으로는 흡수되었다고 보아야 할 것이다. 비록 현대 힌두교도들은 베다가 그들 종교의 핵심이라고 주장하지만 베다는 후에 힌두교의 특징이 된 요가와 순환론적인 신화를 담고 있어 베다인들이 본토인들의 종교를 상당 부분 수용했음을 잘 보여 주고 있다.

아리아인들 이전의 토착 문명인 모헨조다로, 하라파 등 고대 인더스강 유역의 도시 문명은 사라지고 말았지만, 그들이 남긴 인장 속 풍만한 몸매의 여신상, 가부좌를 하고 커다란 머리 장식을 한 남신상, 의례와 관련 있음직한 동식물의 문양 등은 후에 힌두교의 중요한 요소로 자리 잡았다. 북인도에 정착한 아리아인들은 자신들의 베다에 이러한 토착 요소들을 흡수함으로써 독특한 세계관과 삶의 방식들을 만들어 나간 것이었다.

드라비다 문화와 아리아 문화의 충돌은 인드라신이 브리뜨라를 살해하는 리그 베다의 찬가들을 통해서 신화로 전해지기도 했다. 『리그 베다』에 묘사된 신화에서 인드라는 그 어마어마한 힘으로 이미 명성이 자자한 신인데, '쏘마'라는 마취성 음료를 동이째 마시고는 그 힘을 더욱 배가시킨다. 그는 거대한 이무기의 모습을 한 브리뜨라에게 자신의 무기인 번개를 쏘아 그를 처단함으로써 막혀 있던 물줄기를 터서 물을 흐르게 하고, 태양도 제자리에 돌아오도록 한다.[1] 학자들에 따르면 브리뜨라의 이름은 산스끄리뜨 어근 'ver' 즉 진리를 발설하다는 의미에서 파생된 것이다. 일부 주석가들은 브리뜨라는 바루나에 의해 정복되기 전 시대의 우주적 질서일 것이라고 해석한다.

이 신화에서처럼 '힘' '에너지' 등과 관련이 있는 단어들이 인드라를 묘사하는 데 상당히 자주 사용되는데, 그것은 바로 이 신화에서 인드라가 보여 준 이미지 때문이다. 인드라는 전사의 신들 가운데서도 가장 뛰어나고 쏘마 음료와 잘 어울리는, 말하자면 쏘마의 주인이다.

베다의 성립과 구성

학자들은 해설서 부분을 제외한 네 가지 베다의 성립 연대에 대해서 대개 기원전 1500년 전에서 기원전 1000년 사이를 주목한다. 이처럼 시기를 모호하게 잡는 것은 기원전 1500년 경에 자연신들을 찬양하는 찬가들이 사용되었을 것으로 추측

되기는 하지만, 베다에는 자연신관 이후에나 등장하였을 법한 다른 여러 개의 관점들이 포함되어 있기 때문이다. 베다 전체 내용의 다양한 성격과 형식 등의 차이를 생각하면 그것이 일정한 모양을 갖춘 결집서 형태로 만들어지기까지 수백 년의 시간은 족히 걸렸을 것이다. 다른 베다들은 물론이고 『리그 베다』만 해도 자연신들을 숭배하는 다신적多神的 신관, 일체신一切神(Viśvedeva)으로 대변되는 통일적 신관, 바루나(Varuṇa), 뿌루샤(puruṣa, '몸 안에 누운 자'), 떠데깜(tadekam, '그 하나'), 까하(kaha, '누군가') 등으로 나타나는 일원론一元論을 모두 포함하고 있는데, 이와 같은 신관의 변화는 결코 짧은 시간 안에 나타날 수 없는 것이다.

베다의 형식이나 내용은 그 자체로 이것이 한꺼번에 특정 인물에 의해서 기획되거나 창작 또는 편집된 것이 아님을 보여 준다. 『리그 베다』의 어느 부분들이 먼저 형성된 상태에서 『사마 베다』 『야주르 베다』의 관련된 부분들이 만들어지다가 신관의 변화와 함께 『리그 베다』에 새로운 내용이 첨가되자 또 다시 관련된 베다들이 추가로 만들어졌을 것이다. 이와 같은 과정을 수없이 반복하면서 형성된 베다의 텍스트들은 여러 전승 전통을 통해 구전되었으며, 현재는 19세기 막스 뮐러(Max Müller)에 의해 수집된 판본들을 비롯하여 몇몇 수집 가능한 본들만이 베다의 원래 모습을 암시하고 있다. 현재 막스 뮐러 본이 가장 일반적으로 읽혀지기는 하지만 그것이 완벽하다고는 할 수 없는 것이다.

결과적으로 베다의 형성 시기에 관해서 말하자면 『리그 베다』의 일정 부분을 제외하고는 『리그 베다』 『사마 베다』 『야주르 베다』의 형성 시기가 어느 부분이 먼저이고 나중인지를 알기 어렵다. 다만 신관의 변화에 따라 대략적인 시간의 전후 맥락을 추측해 볼 수 있을 따름이다. 하지만 『아타르와 베다』는 다른 베다 텍스트들과 그 내용과 형식에서 상당히 다른 모습을 보여 주고 있기 때문에 베다로 편입된 것이 상대적으로 후대였음을 알 수 있다.

베다 해설집의 필요성

『베다 본집Saṃhitas』은 그대로 구전으로 전해지고 있었지만 이와는 별도로 기원전 1000년에서 800년 사이에 일종의 해설집인 브라흐마나 문헌들이 생겨났다. 브라흐마나 문헌들은 시간이 흐를수록 베다 본집本集이 학자들조차 이해하기 난해하게 느껴졌음에도 불구하고 결코 그 권위를 잃지 않고 오히려 그 자체가 숭배의 대상이 된 베다의 정신을 해설하기 위해 등장한 것이었다. 따라서 각각의 브라흐마나들은 어느 베다의 어느 부분을 해설하고 있다는 계보를 반드시 명기하고 있다.

이 해설집들은 베다를 해석하기 위한 본래의 목적에 충실하고자 했지만, 내용에는 실로 엄청난 변화가 있었다. 이러한 변화는 브라흐마나뿐 아니라 후대에 성립한 아란야까, 우파니샤드에 이르기까지 각 시대의 해설집 안에 고스란히 담겨 수백 년간의 사상의 흐름을 잘 보여 주고 있다.

『리그 베다』

『리그 베다』 본집은 여러 갈래의 본本들로 구전되었으나, 현재 전하는 가장 온전한 본은 11권 1028개의 구절로 구성된 샤깔라 본이다. 이 중 2권에서 7권이 가장 중요한 부분으로서 대표적인 자연신들에 대한 찬가가 담겨 있고, 나머지 1권과 8권은 다소 나중에 이 중심 찬가들에 대한 부수적 찬가로 구성된 것으로 보인다. 9권 또한 앞에 나온 찬가들 가운데 일부를 추려 뽑은 것이며, 10권은 그 언어나 형식뿐 아니라 일원론을 다루는 내용으로 보아 가장 나중에 형성된 것으로 보인다.

『리그 베다』 본집의 내용은 다양한 자연신들에 대한 찬가, 다양한 신화와 설화, 그 외에도 다양한 주제의 시편들이다. 특히 『리그 베다』에 가장 많은 부분은 신들에 대한 찬가이다. 찬가의 대상이 되는 신들은 그 수가 매우 많고, 따라서 『리그 베다』 시대의 종교는 다신교적 특성을 보인다. 이때는 바람, 불, 물, 천둥, 비와 같은 자연현상의 배후 신들이 천상에 살고 있다고 믿었으며, 인간의 생활에 깊이 관여하고 있다고 생각했다. 그래서 때에 따라 자연의 분노를 막기 위해 또는 은혜에 보답하기 위해 제사를 지냈을 것이다.

베다인들은 이러한 자연신들이 각기 그 활동 영역에서 움직이고 있으며, 영역은 크게 하늘, 중간, 땅으로 나눌 수 있다고 보았다. 하늘 영역은 수리야(Sūrya, 태양), 우샤(Uṣā, 여명) 등 태양과 관련 있는 신들이 활동하고 있고, 중간 영역은 바유(Vāyu, 바람), 루드라(Rudra, 분노), 빠르잔야(Parjanyā, 비 또는 비구름), 그리고 땅의 영역은 쁘리트위(Pṛthvī, 땅), 아그니(Agni, 불), 쏘마(Soma, 약초), 신두(Sindhu, 달) 등이 맡고 있다고 보았다. 고대 인도에서 신의 수를 333, 3333, 3339, 3억3000만 등으로 말한 것은 다양한 신격들이 이렇게 세 개의 영역에서 자연을 움직인다는 3의 개념에서 비롯된 것이다. 이러한 신들은 대부분 자연의 현상이 신격화된 것이지만, 이 외에도 동식물이나 농기구 등도 신격화의 대상이 되었다. 그리고 뜨와슈따(Tvaṣṭā, 창조자), 비슈와까르만(Viśvakarman, 세계를 지은 자)과 같이 자연의 창조력을 신격화하거나, 모든 생물의 조물주로서 쁘라자빠띠(Prajñāpati, 만물의 주인)도 나타난다. 인간 정신의 추상적 측면들도 신격화되었는데, 예를 들면 닥샤(Daṣka)는 주지력主知力, 마니유(Manyu)는 격정激情, 슈랏다(Śraddha)는 신념을 신격화한 것이다. 이러한 자연신에는 남성성의 위치가 확고하고 여성성은 매우 미미하게 나타난다. 하지만 후에 아리아 이전의 토착 문화의 영향으로 점차 여신들이 많아지고 그 위치가 강화되었다.

하늘 영역의 신들

하늘을 멈추게 할 자 오직 바루나이다. (『리그 베다』 8.42.1)

통치자 바루나는 인간의 참과 거짓을 지켜보고 계신다. (『리그 베다』 7.49.3)

(1) 디야우스(Dyaus, 天神): 지신地神 쁘리트위(Pṛthvī)와 함께 우주의 부모 역할을 하는 신이다. 이 두 신을 찬양하는 찬양시에서는 인드라 등 다른 신들은 이 두 신에서 나온 자식들이라고도 한다. 이 두 신이 한 쌍으로 찬양되는 찬가만도 여섯 편이 있다.

(2) 바루나(Varuṇa, 司法神): 자연의 규칙성, 순환성은 바루나라는 이름의 신격으로 찬양되었다. 즉, 바루나는 우주적 질서를 인격화한 신격이다. 이러한 자연의 순환은 '리따'라고도 불렸으며, 베다 이후 '다르마'라는 용어로 대체되면서 발전했다. 후에 나타난 업이나 윤회 사상 등도 우주와 자연 속에 규칙성이 있고 이것이 순환한다는 사법신의 역할에서 영감을 받아 발생한 것이라 할 수 있다.

(3) 수리야(Sūrya, 태양신): 베다에는 자연의 다양한 모습 가운데 태양을 형상화한 신들이 가장 많다. 그중에서도 모든 신들이 그 존재를 빛을 통해 드러내기 때문에 '수리야'(신들을 빛

나게 하는 자)라는 신의 이름은 가장 많이 불리고 모든 태양과 관련 있는 신들의 대표신으로 인식된다.

(4) 미뜨라(Mitra, 태양신): 태양신의 일종인 미뜨라(친구 또는 '동반자')는 태양의 어떤 측면을 형상화한 것인지 불분명하다. 하지만 이 이름은 페르시아뿐 아니라 인도유럽어를 공유하는 많은 지역에서 나타나는 태양신의 명칭과 매우 유사하다. 미뜨라는 '우정' '약속'과 같은 추상적인 개념과 흔히 일치하는 것으로 생각되고, 따라서 눈을 뜨고 땅을 내려다보며 은혜를 베푸는 태양과 연관이 있는 것으로 보인다.

(5) 비슈누(Viṣṇu, 태양신): 비슈누 신은 베다 시대 이후에 주요 신의 위치에 오르지만 베다 시대에는 아직 주목받지 못한 신이었다. 찬가 가운데 비슈누에게 바친 것은 단 5편에 불과하고, 태양신에 속하기는 하지만 태양신의 대표자 수리야와는 비교할 수 없을 정도의 미미한 영향력을 발휘했다. 태양의 빛이 온 세상에 퍼지는 모습을 본떠 '퍼지는' 비슈누는 단 세 걸음으로 세상을 측량했다고 했다.

이 외에도 태양의 다양한 모습은 비바스와뜨(Vivasvat, '눈부신 태양'), 우샤(Uṣā, 여명), 아디띠야(Aditya, '묶이지 않은 자유로운 자'), 아슈윈(Aśvin, '말처럼 빠른 속도의 태양'), 사위뜨리(Sāvitrī 또는 Savitā, '태양 여신'), 뿌샨(Pūṣan, '자양분을 주는 자') 등의 이름으로 숭배되었다.

중간 영역의 신들

인드라 신이여, 그대에게 이기지 못할 적敵이란 없도다.
(『리그 베다』 1.165.9)

인드라께서 브리뜨라를 죽이고 물을 흐르게 하셨다. (『리그 베다』 1.32.1)

(1) 인드라(Indra, 雷雨): 아리아인의 수호신이며, 천둥 번개를 지휘하고 비를 관장하는 중요한 신이다. 따라서 인드라를 찬양하는 『리그 베다』의 찬가는 250여 개에 달하고, 그 위치도 베다의 그 어느 자연신보다도 우위에 있는 신들 중의 왕이다. 인드라는 번개를 무기 삼아 신들의 영역을 수호하고 보호하며, 다시유(Dasyu, 원주민)들을 처단하기도 한다.

(2) 바따(Vāta, 바람의 신)와 바유(Vāyu, 바람의 신): '바따'는 '훅 불다'라는 뜻에서 유래한 바람의 신을 지칭하는 이름이다. 특히 바따는 신들의 숨이라고도 불린다. '바유' 역시 바람의 신으로 인드라와 아그니 다음으로 많은 찬가를 통해 찬양된다. 이들은 각각 독립적인 모습을 하고 있지만 다른 신들과의 관계를 보면 쌍둥이 형제처럼 유사한 면이 많다. 바따는 바따-빠르잔야(Vātā-Parjanya)로 비와 연합하여 폭풍우의 신으로 숭배되며, 바유 역시 인드라와 연합하여 인드라-바유(Indra-Vāyu)로 숭배된다.

(3) 마루뜨(Marut, 비구름의 신): 마루뜨는 단수가 아닌 복수로서 인드라와 함께, 또는 아그니나 뿌샨과 함께 언급되었다. 루드라의 아들로 묘사되는 것으로 보아 폭풍우가 일기 전 비구름을 신격화한 것으로 생각된다. 찬가에서는 마루뜨들이 하늘의 자궁에서 바유에 의해 생겨났으며, 땅에서 공기를 통해 자란 존재들이라고 하였다. 이들의 모습은 항상 혈기왕성하며, 스스로 황금빛이나 붉은빛, 즉 번개로도 나타나는 존재들이라고 한다.

(4) 루드라(Rudra, 분노의 신): 다른 주요한 자연신들에 비하면 크게 주목받은 신은 아니어서 이 신을 찬양하는 찬가는 단 세 편뿐이다. 하지만 그는 마루뜨들의 아버지이며, 그 분노의 힘은 그 무엇보다도 맹렬하고 파괴적이기 때문에 '가장 강한 자' '관대하고 통이 큰 자(Mīdhvāṃs)' '상서로운 자(Śiva)' 등으로 불린다. 베다 시대 이후 쉬와신이 주요 신의 지위에 오르면서 그 전신으로서 보다 주목받았다.

(5) 아빠스(Apas, 물의 신) : 베다에는 여성 신이 많지 않다. 아빠스는 물의 신으로 단수가 아닌 복수로 지칭되며, 어머니, 젊은 부인, 은총을 내리는 여신의 모습으로 형상화되었다. 천상과 지상 어디든 신들이 다니는 길을 따라다니면서 더러워진 것을 정화하며, 궁극적으로는 바다를 그 목적지로 한다. 찬가에는 아빠스가 폭력, 저주, 거짓말 등의 죄를 사하는 힘을 가졌다고 했으며, 병을 치유하고 건강을 허락하며 부와 장수, 불멸성까지도 부여할 수 있는 존재라고 했다. 후기 베다 시대에

수많은 강들이 여신으로 형상화한 것은 아빠스의 역사적 전개라고 이해할 수 있을 것이다.

이 외에도 빠르잔냐('먹구름', 쏘마의 아버지), 마따리슈반(煙氣, 바유 또는 아그니의 다른 이름), 아히붓단냐(뱀), 아쟈-에까빠드('폭풍우를 부르는 바람') 등이 중간 영역의 자연력들을 움직이는 신으로 숭배되었다.

땅의 영역의 신들

> 아그니는 (신들의) 제관과도 같으니, 내 아그니를 찬양하노라. (『리그 베다』 1.1.1)

> 아그니여, 그대는 우리 인간을 복되게 하는 자, 제사를 지내게 해 주는 자요. (『리그 베다』 1.114.11)

(1) 쁘리트위(Pṛthvī, 지모신): 천신인 디야우스와 함께 우주의 부모로 숭배된다. 쁘리트위는 땅을 솟아오르게 하고, 산을 받쳐 주며, 숲에는 약초를 보유하고, 비를 내리게 만들어 밭을 기름지게 한다. 이러한 여신의 모습은 흔히 어머니로 묘사되었고, 이후의 많은 여신들의 성격에 반영되었다.

(2) 아그니(Agni, 祭火의 신): 모든 신의 어머니는 쁘리트위이지만, 땅의 영역에 있는 신들 중에 그 역할로 볼 때 가장 중요

한 위치에 있는 신은 아그니이다. 인드라, 바유와 함께 주요한 삼신으로 꼽히는 아그니는 인간이 어떤 영역에 있는 신에게든 공물을 바쳐서 제사를 드리면 그것을 불로 잘 태워 해당 신에게 날라다 주기 때문에 200여 개의 찬가를 받는 신들 중의 제관이다.

(3) 쏘마(Soma, 식물 또는 약초의 신): su는 '짜내다'는 의미를 가지고 있으며, 그 의미에서처럼 식물 또는 약초 등을 짜낸 어떤 즙을 의미하는 것으로 보인다. 어떤 식물이나 약초인지는 확실히 알 수 없지만 이것이 인드라를 비롯한 모든 신들로부터 사랑을 받고, 특히 이것을 마시면 힘을 내는 것으로 보아 술이나 환각제의 일종일 것이라고도 한다.

(4) 브리하스빠띠(Bṛhaspati): 브리하스빠띠는 브라흐마나스빠띠(Brahmaṇaspati, '찬가의 주인')라고도 불리며, 찬가의 주인으로서 노래를 하는 자들에게 영감과 재능을 제공한다고 한다. 브리하스빠띠는 초기에는 아그니의 한 측면이었지만 나중에 독립적인 지위를 갖게 된 것으로 보인다. 따라서 아그니처럼 어떤 찬가에서는 인드라신과 쌍둥이(『리그 베다』 4.49.1)라고도 한다.

이 외에도 땅의 영역의 신으로 신두, 사라스와띠, 강가, 사라유, 강가, 야무나, 빠루슈니 등 많은 강들의 신격을 숭배하였으며, 이러한 자연신들을 숭배한 찬양시들을 볼 수 있다. 특히 강을 형상화한 여신들은 아리아 본래의 문화보다는 인더스문명의 것으로 여겨지는 여신 숭배의 영향을 받은 것으로 보인다.

일체신(一切神)

비슈와데와(Viśvedeva, '세상의 신')는 많은 신들의 이름을 한 시구 속에 열거하며 모두를 하나로 칭할 때 사용된 용어 '세상 전체의 신(Viśvedeva)'에서 유래된 이름이다. 이러한 용어와 함께 일체신의 개념도 발달하였기 때문에 베다의 신관은 다신관에 머물지 않고 결국 일원론으로 진행되었다.

> 세상의 신들은 보호자이며 길러 주시는 자이니, 신들이여
> 제사에 오소서. (『리그 베다』 1.3.7)

『사마 베다』

『사마 베다』는 대개 『리그 베다』에 담긴 신에 대한 찬가들을 일정한 고저高低, 장단長短의 선율에 맞춰서 부를 수 있도록 표시한 것이다. 현재 까우툼나(Kauthumna)파와 자이미니(Jaimini)파의 두 본本이 전해지며, 특히 전자는 완전한 모습을 가지고 있는 것으로 보이기 때문에 이를 통해 『사마 베다』의 전모를 알 수 있다. 여기에는 찬가의 가사를 모은 가사집이 3종, 찬가의 모음 길이, 억양, 박자를 표시한 가곡집이 4종 포

함되어 있다. 그리고 찬가의 구체적인 부분들을 네 갈래로 나누어 각각 '우드가뜨리'로 불리는 제관이 신을 부르는 '훔(hum)' 소리(himkāra), '쁘라스또뜨리' 제관이 부르는 전주곡(Prastāva), '우드가뜨리' 제관이 독창하는 찬가의 중심이 되는 부분(Udgītha), '쁘라띠하르뜨리' 제관이 부르는 찬가의 결말 부분(Pratihāra), 위의 세 제관이 찬가를 합창하는 마무리 부분(Nidhāna)으로 제시한다.

이와 같은 내용 때문에 『사마 베다』 본집은 『리그 베다』에 비해서 독립된 문학으로서의 가치는 그리 크지 않다고 하나 베다 시대의 제의와 가영歌詠의 실제를 이해하는 데는 매우 중요하다.

『야주르 베다』

『리그 베다』가 '호뜨리'라고 불리는 제관들의 찬양시집이고, 『사마 베다』가 '우드가뜨리' 제관들이 부르는 찬양가의 악보라면, 『야주르 베다』는 제식의 실무적인 것을 담당한 '아드와리유' 제관이 기준으로 삼아야 할 전체 제식의 절차, 공물의 선택, 봉헌의 절차 등에 관한 규정집이다.

이 베다의 성립 연대는 명확하지 않으나 브라흐마나의 성립 연대를 기준으로 이보다 앞선 것이므로 적어도 기원전 900년 또는 800년경으로 파악된다. 이 베다는 다른 베다들과는 달리 둘로 나뉘어져 있는데, 제사의 설명 부분인 브라흐마나에 축사와 주문이 융합된 것을 소위 달이 기우는 보름 기간(하현)과 관련 있다고 해서 『흑黑 야주르 베다』, 그리고 브라흐마나와 제사와 주문이 같이 되지 않고 독립된 것을 달이 다시 차오르는 보름 기간(상현)과 관련 있는 『백白 야주르 베다』라고 부른다. 현재 양 갈래의 텍스트는 『흑 야주르베다』 101파, 『백 야주르 베다』 86파에 의해서 전해진 것이라고 한다. 『야주르 베다』에 이와 같이 여러 파가 있었다는 사실은 당시에 제사에 관한 많은 이설과 전통이 있었음을 시사한다. 물론 현재까지 전해진 것은 이 중 일부에 지나지 않지만 다른 베다 본집들 보다 훨씬 방대한 문헌 계보를 가지고 있는 이유가 바로 여기에 있다고 하겠다. 게다가 여기에 담긴 내용은 제사의 규범과 형식에 국한되는 것이 아니라 후에 전개되는 브라흐마나, 아란야까, 우파니샤드로 이어지는 중요한 철학적 고찰들을 포함하고 있으며, 일부는 『리그 베다』에 담긴 찬양시들이 그대로 반복된 부분이다.

『아타르와 베다』

누구도 염라대왕이 정한 규정을 깰 수 없다. (『아타르와 베다』 18.1.5)

신들의 염탐꾼들은 여기저기 모든 곳에 다닌다. (『아타르와 베다』 18.1.9)

지금까지 살펴본 세 가지 베다는 모두 제사와 깊은 연관을 가지고 있다. 그런데 후에 위의 세 가지 근본적인 베다 외에 세속적 목표나 개인의 다양한 소망을 해결하기 위한 주문을 대거 포함한 베다가 제4의 베다로 인정받게 된다. 그것이 바로 『아타르와 베다』인데, 이것은 철학, 신학, 윤리, 사회 질서, 재물론, 정치학, 천문학, 의학, 심리학 분야에 걸친 중요한 자료를 폭넓게 포함하고 있다.

특히 이 베다를 통해 우리는 만뜨라(주문), 얀뜨라(주술적 도안), 딴뜨라(주술)와 같은 것들이 브라만들이 주관하는 제사와 결합하여 브라만들을 통해 직접 실행되기도 하였음을 확인할 수 있다. 말하자면 이러한 방법으로 민간 신앙의 일부가 합법화의 단계를 밟아 베다에 포함되게 된 것이다. 이 베다는 『리그 베다』의 일부 만뜨라보다 이른 시기에 속하는 것들도 있지만 대체로 이후에 성립된 것으로, 기원전 1000년경에 속한다고 볼 수 있다. 또한 이 베다는 브라흐마나, 아란야까, 우파니샤드 등과 연계되지 않는다. '아타르와'라는 명칭은 두 제관 아타르완과 앙기라사의 이름에서 유래한 것이다. 이들이 속한 가계家系는 이 베다를 전승한 가문으로 알려져 있다. 아타르와 베다는 모두 9파가 존재했다고 하는데, 현재 전해지는 것은 샤우나까파와 빠이빨라다파의 것이다. 이 중 샤우나까 본집이 보다 완전한 모습을 갖추고 있어서 보통 '아타르와 베다 본집'이라고 하면 이것을 지칭하는 경우가 많다.

내 허벅지에 힘을, 내 다리에 순발력을, 내 발에 지치지 않는 인내를 허락해 주기를.

내 사지 하나하나가 상처 입지 않게 하시고, 내 영혼 또한 해침을 받지 않게 하기를. (『아타르와 베다』 19.60.2)

여기에서 다루어진 주법呪法의 사연은 매우 광범위하고 다양하다. 심신의 질병 치유, 건강과 장수 기원, 인생의 장애에 대한 극복, 타인에 대한 저주나 파멸 기도, 남녀 간의 애정사, 가족의 융화, 자손 기원, 전쟁의 승리 등 갖가지 일상사가 모두 포함된다.

베다의 해설서들

죽음이란 무엇일까: 브라흐마나

신에게 죽음은 없다. (『아이따레야 브라흐마나』 2.1.8)

제사를 통해서만 신들이 모든 소망과 불멸성을 얻는다. (『까우쉬따끼 브라흐마나』 14.1)

기원전 1000년에서 기원전 800년경 사람들은 베다를 단순히 익히고 전수하는 것에서 나아가 베다 본집을 해석할 필요를 느끼고 해설서를 집필하였는데, 이것이 브라흐마나이다. 브라흐마나는 각 베다를 설명하기 위한 것이므로 각각 그 해당 베다를 중심으로 내용이 전개되었으며, 문체는 산문으로만 되어 있다.

브라흐마나 문헌들은 해당 베다의 해석과 그에 따른 제사의 집행뿐 아니라 번잡한 절차를 신학적으로 해석하고, 그것을 규정하는 각 만뜨라를 풀이하며, 그 제식의 기원과 의미를 설명한다. 인도 문화에 있어 브라흐마나 문헌들의 의의는 베다의 제사라는 행위가 필연적으로 그 결과를 초래한다는 행위의 인과론을 강조함으로써 후에 내세관과 윤회, 업 사상이 형성되는 데 중요한 역할을 했다는 것이다. 뿐만 아니라 제식의 규정을 적은 부분(vidhi)들은 인간 행위의 규범과 윤리에 대한 고찰을 포함하며, 제식의 신학적 설명(arthavāda)은 신화와 전설도 포함하고 있다.

각각의 브라흐마나는 내용상 충분히 독립적 문헌이기는 하지만 베다의 해설서로서 구성된 것이기 때문에 베다의 제사의식에 대한 강조를 통하여 형식적으로 베다를 계승한다. 특히 『리그 베다』에서 '세상 만물을 지은 자'로 언급된 쁘라쟈빠띠를 최고신의 위치에 두는데, 그 까닭은 제식을 창조한 신이기 때문이다. 심지어 쁘라쟈빠띠가 제식 그 자체라고 선언하기도 한다. 또 쁘라쟈빠띠는 때때로 제화祭火(agni)나 숨(息, prāṇa)과도 동일시되었는데, 결과적으로 제사 만능주의 속에서 쁘라쟈빠띠로부터 세계의 원리로서의 브라흐만 개념이 성립되었다.

누구든 아그니호뜨라(Agnihotra)를 행하는 자는 모자란 데가 없게 될 것이며, 영원히 죽지 않게 된다. (『샤따빠타 브라흐마나』 2.2.2.14)

제화에 공물을 바치는 것이 바로 제사이다. 만뜨라 묵송보다 제화에 직접 공물을 바치는 행위가 진짜 제사이다. (『샤따빠타 브라흐마나』 3.1.4.1)

이른 아침에 행하는 희생제는 아니룩따(Anirukta)라고 부른다. 아니룩따는 쁘라쟈빠띠이다. 누구든 아침 희생제를 행하면 쁘라쟈빠띠의 세상에 도달할 것이기 때문이다. (『따잇띠리야 브라흐마나』 18.6.7)

쁘라쟈빠띠가 제사를 만들었다. 신들이 그 제사를 행하였고, 각 신들은 원하는 바를 모두 이루었다. (『까우쉬따끼 브라흐마나』 28.1)

차차 '브라흐만'이라는 용어가 세계의 배후에 있는 유일한 원리를 지칭하는 것으로 자리를 잡자, 이 개념은 베다의 신관들을 완전히 통일하여 대체할 만큼 확고한 것이 되었다. 모든 것의 원리이며 그 내부에 존재하는 브라흐만 개념에 대해 인간의 내면적 존재 '아뜨만'의 개념도 생겨났다. 아뜨만 개념은 『리그 베다』에서도 잠깐 나타났는데, 이때 '뿌루샤'라는 개념이 브라흐만을 내부에 포용하고 있는 '몸'이자 '객관적 인격'

으로 묘사되었다.

브라흐마나의 가장 큰 주제는 한마디로 말해서 제사이다. 제사는 베다의 정수이며, 신들의 거처이자 신과 조상의 양식이다. 이러한 제식관은 제사 제일주의, 제사 만능주의가 되어 급기야 신들이 제사에 의존하므로 신의 위력이나 또는 신의 불멸성조차도 제사에 의한 것이라거나 신이 아수라를 굴복시키는 것도 제사의 힘으로만 가능하다고 천명하기에 이른다.

그러나 한편으로 브라흐마나 시기는 결과적으로 제사와 같은 행위의 의미와 결과에 대한 깊은 사색을 가능케 한 중요한 시기였다. 제사라는 행위가 일정한 결과를 야기한다는 생각에서 인과론이 만들어졌으며, 이는 후대에 업, 윤회 사상의 단초가 되었다. 더불어 내생에 대해서 관심이 많아지면서 선행에 대한 대가로 천상에 이른다든가, 악행의 대가로 지옥으로 떨어진다는 것, 천상에 가서 또 다시 죽음을 맞을 수도 있는 여러 가지에 대해서 언급하기도 했다.

한편 모든 인간 가운데 제사를 집행하는 브라만이 최고의 사회 계층을 이루고, 모든 지식 가운데 제사에 대한 지식이 가장 훌륭하며 신뿐 아니라 자연의 법칙조차도 제식 없이는 무력하다고 하는 정도가 되자, 이와 같은 제사 만능주의와 형식주의에 염증을 느낀 많은 사람들은 세상을 떠나 숲 속으로 들어갔다. 그 결과는 아란야까와 우파니샤드의 탄생으로 나타났다.

행위에서 지혜로: 아란야까와 우파니샤드의 등장

베다 본집과 브라흐마나가 제의에 관한 경전이라고 하면, 아란야까와 우파니샤드는 제식주의 및 제관의 권위주의에 대한 반발로 일어난 내적 지혜에 관한 경전이다. '아란야까'란 '숲'이란 뜻이다. 아란야까에는 세속을 떠나 숲 속에서 은둔하며 수행하는 슈라만 수행자들의 사유와 철학이 담겨 있다.

아란야까 역시 형식적으로는 브라흐마나와 마찬가지로 베다를 해설하기 위한 해설서이다. 그러나 브라흐마나 문헌들과 달리 제사를 은유나 상징으로 파악하여 제사의 행위 그 자체보다는 제사의 행위, 나아가 모든 인간 행위의 의미, 삶의 의미를 숙고하고, 삶에 대한 지혜를 중시하였다. 그들은 제의의 상징적 의의를 사념하는 것이 단순한 제의의 실행보다 필요하며 더 중요하다고 결론 내렸다. 이것은 아란야까 시대의 베다 해설자들이 브라흐마나 시대보다 더 깊이 사변하였음을 암시하며, 베다 학자들 사이에서 사변의 초점이 제의가 아닌 다른 문제로 옮겨 가는 것을 인정한 결과로서 당시 자유롭고 다양한 독립적 사유가 가능했음을 보여 준다. 그 결과로 영혼, 행위 주체, 윤회 주체를 비롯한 존재의 근원 문제가 대두되었다. '숨'에서 '자기 자신'의 의미로 확장된 '아뜨만' 개념이 관심을 외부에서 내부로 돌린 사변가들의 주의를 끌었으며, 이것은 모든 존재의 근원과 연계하는 우파니샤드 시대의 막을 열었다.

아뜨만이 안으로 들어와 통치하니, 그가 바로 사람들의 통치자이다. (『따잇띠리야』 3.11.1-2)

(전략) 바로 이 아뜨만을 브라흐만이라고 한다. (『아이따레야』 3.2.3)

사실 숲에서 은둔하여 수행한 슈라만들 속에는 제사를 중시하는 베다적 세계관이 만연한 상황에서도 베다의 권위에 최고의 의미를 부여하지 않거나 적어도 무관심한 아리아계와 비아리아계의 많은 주법사나 고행자들이 있었다. 이들은 늘 제관 중심의 소위 '정통파'에 밀려 있었지만, 결과적으로는 정통파 사상가에게 적지 않은 영향을 주었다. 사실 숲은 비정통파에 속하는 수도자들의 유일한 도장이다. 인간을 둘러싼 5원소인 지·수·화·풍·공의 개념과 존재론적 사유들은 바로 아란야까의 환경에서 나온 것들이다. 이들은 은둔한 가운데 개별적 수행을 했기 때문에 관습이나 전통에 매여 있지 않았고, 이러한 환경에서 비롯된 내면적 성찰의 결과는 수시로 정통파 사상가들에게 자극이 되었다. 이것이 베다 사상의 연장으로 인정됨으로써 드디어 베다 사상의 진수 또는 정수라고 불리는 자아 철학의 경전인 우파니샤드의 시대가 열리게 된 것이다.

우파니샤드: 인도 철학의 형성

베다의 정수

　우파니샤드는 아란야까와 마찬가지로 형식적 계보로는 베다를 계승한 것이라고 하지만 실질적인 내용으로 보면 자아 탐구에 관한 거의 독립적인 문헌이다. 베다 해설서의 마지막을 형성하고 있는 우파니샤드는 '베단따'라고도 하는데, 베단따는 '베다의 끝 부분 또는 최고봉'이라는 뜻이다. 우파니샤드는 베다 사상이 수백 년 걸려 피워 낸 결정체이기 때문이다. '베다(veda)'는 '지식' '알아야 할 것'이라는 뜻이다. 인간으로서 알아야 할 자연과 신에 대한 지식에서 출발한 고대 인도인들의 호기심은 결국 우파니샤드의 '범아일여梵我一如' 사상을 만들어 냈다. 우파니샤드는 기원전 8세기부터 3세기경까지 수백 년간 쌓인 수많은 철인들의 사유와 깨달음, 가르침을 담고 있다.

'우파니샤드'라는 말은 '가까이 앉는다(upa-ni-sad)'는 뜻을 담고 있다. 이것은 이 책의 내용이 비밀스럽다는 것을 말해 준다. 즉, 우파니샤드는 스승이 아끼는 제자에게 무릎이 닿도록 가까이 앉아서 비밀스럽게 전해 주는 지혜이다. 존재의 근원을 탐구하는 이 지혜는 다양한 비유, 은유, 상징을 통하여 '나는 누구인가?' '삶의 목적은 무엇인가?' '눈에 보이는 세상 너머에는 무엇이 있는가?'와 같은 물음과 그에 대한 탐구를 통하여 자유롭게 제시된다.

모든 생명체들은 누구에 의해 감화받고 말을 하는가?
눈과 귀 뒤에 어느 누구의 힘이 숨어 있는가?

귀의 귀
마음의 마음
말의 말
바로 그가 숨의 숨이요
눈의 눈이라……

말로써 표현될 수 없으나
그로 인해 말이 표현될 수 있으니

> 그대여, 바로 그가 브라흐만인 것을 알라.
> 이 세상 사람들이 숭배하는 것
> 그것은 브라흐만이 아니다. (『께나 우파니샤드』)

> 그가 모두를 알게 하니 그를 무엇으로 할 수 있단 말이오? 우리로 하여금 알게 하는 자를 알 수 있겠소? (『브리하다란야까 우파니샤드』)

우파니샤드는 인식 주관에 대한 객관적인 지식은 본질적으로 불가능함을 인정할 수밖에 없다고 말한다. 그렇다고 해서 그것이 비존재라고 할 수는 없는, 너무나도 많은 현상적 증거들이 있다. 비록 그것이 인간의 인식 범주를 넘어서 있기는 하지만 그럼에도 불구하고 그것이 없다면 지성도 있을 수 없기 때문에(『브리하다란야까 우파니샤드』 2.4.14 ; 3.8.11) 개별적 인식 주체는 아뜨만(생명체의 '숨' '자기 자신')이라 하고 전체적 주체, 즉 궁극자로는 브라흐만('넓게 퍼져 존재하는 것')이라고 칭한다. 우파니샤드는 이 둘이 부분과 전체처럼 서로 다르지 않음(梵我一如)을 인식함으로써 인간 지성의 가장 높은 목적지에 도달할 수 있으며, 이는 곧 인간이 제각각 삶을 살아가는 이유를 자각하게 하고 스스로 삶의 방법을 발견하게 한다고 말한다. 이와 같이 '삶을 바라보는 방식'을 현상과 주체, 객관과 주관의 관계를 통해 노정하는 과정은 이후 인도 문화에서 철학의 본래 목적이자 핵심으로 이해되어 왔다. 삶을 어떻게 바라볼 것인가 하는 문제의식이 바로 자이나철학과 불교철학, 소위 육파철학六派哲學으로 불리는 인도철학의 여섯 가지 갈래, 그리고 육사외도六師外道로 불린 유물론적 이론들을 양산한 원동력이었다. 사상사를 통해 본다면 이러한 우파니샤드는 제례라는 '행위'를 통하여 안정된 삶을 기대한 이전의 베다 시대 정신에 대한 '사유(지혜)'의 반작용이자, 시선을 밖에서 이제 안으로 던지기 시작한 지성의 여명을 보여 주고 있다고 할 수 있다.

우파니샤드의 종류

'우파니샤드' 즉 '스승 곁에 가깝게 앉아 전수받는 비밀스런 지혜'라는 명칭은 일반명사이고, 각 문헌으로서의 우파니샤드들은 『이샤 우파니샤드』 『께나 우파니샤드』 『까타 우파니샤드』 『찬도기야 우파니샤드』 『브리하다란야까 우파니샤드』와 같은 고유의 명칭으로 불린다. 200여 개의 우파니샤드 가운데 다양한 관점의 주석註釋들이 뒷받침되어 공인된 것은 10여 개, 최대 18개 정도이다. 이들은 형식이나 내용 그 어느 면에서 보나 일정한 틀이 없지만 모두 '우파니샤드'라는 명칭으로 불릴 만한 내용상의 공통점들이 있다.

가장 초기에 형성된 것으로 분류되는 『찬도기야 우파니샤드』 『브리하다란야까 우파니샤드』 『따잇띠리야 우파니샤드』 『아이따레야 우파니샤드』 『까우쉬따끼 우파니샤드』 『께나 우파니샤드』 등인데, 산문체가 많고 우파니샤드의 주요한 개념들이 대단히 선명하게 논의되었다.

『까타 우파니샤드』 『이샤 우파니샤드』 『슈웨따슈와따라 우파니샤드』 『문다까 우파니샤드』는 중기에 형성된 것들이며, 대체로 운문체의 형식이 많다. 『쁘라샤나 우파니샤드』 『만두끼야 우파니샤드』는 가장 후기에 형성된 것으로 보이며 운문과 산문이 혼합된 세련된 문체를 보여 준다.

이와 같이 수백 년간 아무런 표준 지침 없이 형성된 우파니샤드들은 공통적으로 인식 주관을 둘러싼 객관과 주관의 문제에 대한 끈질긴 탐구를 통해 아뜨만, 브라흐만, 마야(māyā, 幻影力), 범아일여, 업業, 윤회, 해탈解脫(mokṣa) 등의 개념을 앞다투어 제시하였다. 이와 같은 개념들은 개개의 우파니샤드 안에서 대화나 문답의 서술 형식, 비유, 은유, 상징 등의 다양한 방법을 통해 나타나고 있으며, 그 다양성 자체가 정답이라고 할 정도로 자유롭게 논의되었다. 그 어떤 결론도 유일한 결론으로 인정되지 않는 우파니샤드의 비정형성이 어쩌면 우파니샤드의 정신을 역설적으로 드러내고 있는지도 모른다.

근원을 찾아서

"저 보리수나무에서 열매 하나를 따 오너라."
"여기 따 왔습니다."
"그것을 쪼개라."

"예, 쪼갰습니다."
"그 안에 무엇이 보이느냐?"
"씨가 있습니다."
"그중 하나를 쪼개 보아라."
"쪼갰습니다."
"그 안에 무엇이 보이느냐?"
"아무것도 보이지 않습니다."

그는 아들에게 계속해서 말했다.

"총명한 아들아, 네가 볼 수 없는 이 미세한 것, 그 미세함으로 이루어진 이 큰 나무가 서 있는 것을 보아라. 보이지 않는 것이지만 그것이 있음을 믿어라. 아주 미세한 존재인 그것을 세상 모든 것들은 아뜨만으로 삼고 있다. 그 존재가 곧 진리이다. 그 존재가 곧 아뜨만이다. 그것은 바로 너이다. 슈웨따께뚜야."

"이 소금을 물에 담그고, 내일 아침에 와 보아라."

아들은 그대로 했다. 아침이 되자 아버지는 아들 슈웨따께뚜에게 말했다.

"네가 어젯밤에 담가 두었던 소금을 꺼내라."

아들은 아무리 찾아보아도 소금을 찾을 수 없었다.

"총명한 아들아, 소금을 볼 수 없을 것이다. 그러나 소금은 그대로 그 안에 있다. 이제 맨 위 표면에 있는 물의 맛을 보거라. 맛이 어떻느냐."

"짭니다."

"그럼 중간의 물을 맛보아라."

"짭니다."

"자 그럼 이제 맨 밑바닥에 있는 물의 맛을 보거라."

"짭니다."

"그래, 그 물을 버리고 다시 내게 오너라."

"……."

"네가 그 존재를 볼 수는 없었지만 그 존재는 여기 있는 것이다. 여기 있는 것이다. 그 아주 미세한 존재, 그것을 세상 모든 것들은 아뜨만으로 삼고 있다. 그 존재가 곧 진리이다. 그 존재가 곧 아뜨만이다. 그것은 바로 너이다. 슈베따께뚜야."

(『찬도기야 우파니샤드』 6.12-13)

잘 알려진 위의 보리수 씨앗의 비유에서처럼 궁극자의 문제는 우파니샤드에 가장 많이 등장하는 화두이다. 『찬도기야 우파니샤드』에 나오는 철인哲人 웃달라까는 다섯 명의 학자들이 궁극자에 대해 묻고자 자신을 찾아오자, 자신보다 아슈와빠띠왕이 더 잘 설명할 수 있는 인물이라며 모두를 끌고 왕에게 간다. 왕은 각자의 생각을 먼저 묻는다. 첫 번째 학자는 궁극자가 천계天界와 같은 것이 아니겠냐고 말한다. 두 번째 학자는 태양, 세 번째 학자는 공기, 네 번째 학자는 대공大空, 다섯 번째 학자는 물, 웃달라까는 땅과 같은 것이 아니겠냐고 각각 대답한다. 그러자 왕은 그들에게 전체 중 일부만을 생각하고 이해하고 있다고 지적한다. 비유하자면, 천계는 궁극자의 머리, 그리고 태양, 공기, 창공, 물, 발은 각각 그의 눈, 호흡, 몸통, 방광, 그리고 발이라 할 수 있다는 것이다. 이 모두는 궁극자가 아니지만 궁극자는 '존재하는 자'이며 '생각하는 자'로서 이 모두를 포함하고 있는 것이다. 이에 따르면 세상의 그 어떤 부분도 궁극자와 관련 없는 부분은 없다. 이 궁극자는 존재에서뿐 아니라 생각하는 주체의 궁극이기도 하다.『만두끼야 우파니샤드』에서는 궁극자와 인간 의식의 문제를 다루었다. 여기에서는 의식을 네 단계로 나누어 설명한다. 그 첫 번째는 깨어 있는 상태로서, 외부 세상을 표면적으로 파악한다. 두 번째 상태는 꿈을 꾸는 의식의 상태로서, 첫 번째 상태보다 미세한 것들을 향유하며 깨어 있는 상태의 경험을 가지고 새로운 형태의 세계를 만든다. 세 번째는 꿈 없이 숙면하는 상태로서, 꿈도 꾸지 않고 아무런 것도 욕망하고 있지 않은 순수한 무의식의 상태인 최상위이다. 네 번째는 뚜리야(Turīya)로서 일시적이고 무의식적인 세 번째 의식 상태에 대한 최대 긍정이라고 할 수 있다. 이 네 번째 상태는 "주관을 의식하지 않으며 객관을 의식하는 것도 아니며, 주관과 객관의 양자 모두를 의식하는 것도 아니며, 단순한 의식의 덩어리도 아니고, 의식도 아니고, 의식이 아닌 것도 아니며, 보이지 않으며, 말로 설명할 수 없으며, 잡을 수도 없고, 특징지을 수 없으며, 상상해 볼 수도 없고, 어떤 이름으로 부를 수도 없는 것"이다. 말하자면 의식의 궁극에 있는 것은 바로 궁극자인 것이다.

우파니샤드의 비유와 상징

우파니샤드는 유기적 비유와 상징을 즐겨 사용한다. 에피소드에 때로는 신도 등장하고 악마도 등장한다. 이것은 소수의 철학적인 믿음과 다수 대중의 상상에 찬 미신이 타협하는 모습이기도 하다. 진실은 양자 사이 어딘가에 숨겨져 있을 수도 있을 것이다. 중요한 것은 그 사이의 균형이다. 『이샤 우파니샤드』는 "눈에 보이는 것을 숭배하는 자는 깊은 어둠 속으로 들어가게 된다. 그러나 오로지 눈에 보이지 않는 영원한 것에만 빠져 있는 자는 그보다 깊은 어둠 속으로 들어가게 되리라"라고 말한다. 단, 우파니샤드의 비유와 상징들은 그 자체로 비유와 상징일 뿐 결코 결론이 아니다. 여러 비유와 상징들이 아무런 충돌 없이 각각의 에피소드 속에서 달을 가리키는 손가락의 역할을 하고 있다. 『브리하다란야까 우파니샤드』에 등장한 성자聖者 야쟈왈끼야는 브라흐만을 구체적으로 설명하라는 학자 가르기(Gārgī)에게 "그대는 질문할 수 없는 존재에 대해 질문하고 있소"라며 경고한다.

또 『께나 우파니샤드』에서는 불의 신(Agni), 바람의 신(Vāyu), 천둥 번개의 신(Indra)이 등장해 궁극자를 깨닫는 내용이 나온다. 이들 자연신들은 궁극자를 알지 못하고 자신들이 각각 불, 바람, 번개라고 자만한다. 결국 브라흐만이 아니면 각자의 능력이 발휘되지 못함을 알고 브라흐만을 궁극자로 인정하게 된다. 독자들은 이와 같은 부분에서 우파니샤드가 신들의 이야기를 하는 것이 아니라 자연의 힘을 신격화한 베다 시대 신들을 달을 가리키는 손가락으로 삼아 이야기를 전개해 가고 있음을 눈치 채게 된다.

범아일여

 '아뜨만'은 자기 자신 또는 자신의 참모습을 가리킨다. 이 개념은 사람의 몸을 채우고 있는 '기氣'나 '숨(息)' 그리고 그런 것들의 본체라는 의미에서 사용되었다. 우파니샤드 사상의 가장 큰 주제는 아뜨만, 즉 자신의 참모습을 발견하는 것이다. 단, 자신의 주관적 정체를 파악하되 자신을 둘러싼 세계, 자연 등 모든 것이 자신과 다른 어떤 것이 아니라 긴밀히 연관되어 있음을 함께 파악하라는 것이다. 그러기 위해서는 궁극자에 대한 지식이 필요하다. 우파니샤드를 주석한 많은 베단따 학자들은 이것을 범아일여梵我一如 사상이라고 한다. '범梵'은 브라흐만을 한자로 옮긴 것이고, '아我'는 아뜨만을 한자로 옮긴 것이다. 즉, 주객일체主客一體의 단계가 인간 지성의 최종적인 목적지라고 한 것이다. 즉, 브라흐만과 아뜨만이 하나와도 같다(一如)는 것이다.

 '브라흐만'은 '펼쳐진 것'이라는 뜻이다. 즉, 세상 전체에 퍼져 있는 우주적 영혼, 우주적 참모습이다. 이것은 남성, 중성, 여성 그 어느 성에도 속하지 않는, 그러면서도 모든 것을 알고 모든 것을 할 수 있는 완전한 존재이다. 이것은 모든 세상의 에너지원이며 원천이다. 그러한 존재를 어떤 말로 이름 지을 수가 없어 '넓게 펼쳐져 어디든지 존재하는 것'이라고 막연히 불렀던 것이다. 심지어 '브라흐만'도 하나의 이름으로 규정되면 그 또한 그 존재를 지칭하지 못하게 되므로 '그것(tat)'이라고 칭하거나 "이것도 아니다, 저것도 아니다"와 같이 배제의 어법을 동원하여 설명하기도 한다.

범아일여의 진리가 인간으로서 얻기 가장 어려운 깨달음이 된 것은 '마야(māyā)' 때문이다. 이것은 환영력幻影力으로 번역되기도 하는데, 눈앞을 가리는 장막처럼 인간으로 하여금 자신의 진면목을 볼 수 없도록 만든다. 그래서 인간은 명약관화한 진리가 아닌 무명無明(avidhyā)을 가지고 있게 된 것이다. 개개인은 자신의 무명을 버림으로써 범아일여의 진리를 보게 된다. 이러한 개개의 영혼을 개체아個體我(jīvātman)라고 한다.

개체아는 개개인이 가지는 자신의 주관적 정체이다. 자신의 주관적 정체를 파악하되 자신을 둘러싼 세계, 자연 등 모든 것이 자신과 다른 어떤 것이 아니라 긴밀히 연관되어 있음을 동시에 알아야 한다는 것이다. 한마디로 자신과 자신이 포함된 세상 전체를 함께 이해해야 한다. 그러기 위해서는 궁극자에 대한 열린 이해가 필요하다.

윤회와 업

우파니샤드의 세계관은 순환론적이다. 윤회의 개념은 우파니샤드 시대를 통해 형성된 이후 인도 우주론의 대세로 자리 잡았다.

> 다섯 아그니에 관한 지혜를 가진 자, 숲에서 신념과 고행으로 수행하는 자들은 (죽어서 불에 태워진 다음) 빛으로 가서 빛에서 낮으로, 낮에서 또 밝은 보름으로, 밝은 보름에서 태양이 북반구를 도는 여섯 달로 갑니다.
> 그 여섯 달에서 일 년으로, 일 년에서 태양으로, 태양에서 달로, 달에서 번개로 갑니다. 그것에서 인간이 아닌 초인이 그들을 브라흐만에게로 데려가니, 이것이 신의 길입니다.
> (중략)
> 악업을 쌓은 자는 (연기나 빛의) 그 어느 길로도 가지 않습니다. 그들은 다만 자잘한 곤충 등으로 태어나 계속 세상을 왔다갔다 반복할 뿐이지요. 이 세 번째 길에는 '태어나고 죽는' 의무 밖에 없습니다. 그러므로 저 세상은 절대 꽉 들어차지 않는 것입니다. (『찬도기야 우파니샤드』 5.10)

이러한 윤회설에 따르면 세상은 배우가 연기를 하는 무대이다. 풀벌레가 풀잎 끝에 다다르면 다른 풀잎으로 건너뛰듯 윤회에는 주체가 있고 매번 새로운 옷을 입는다. 주체는 자기 자신, 아뜨만이며, 새로운 옷이란 육신이다. 하지만 배우가 연기에 몰두하다 보면 자신의 본모습을 잊고 스스로 그 역할에 심취하듯, 사람도 세상을 살면서 자신의 본모습을 잊고 그 역할에 심취한다. 심취하다 보면 슬픔과 고통에 찌들어 괴로워한다. 이것을 환영幻影(māya)이라고 한다.

이처럼 세상에는 자신의 주관적 실체를 상상조차 못하는 사람이 대부분이다. 이러한 상태를 '앎이 없는 상태', 즉 무명無明(avidhya)이라고 한다. 무명은 자신의 참모습, 주관에 대한 탐구 정신을 가리는 장애물이다. 인식의 개별적·일차적 도구인 눈, 코, 입, 귀, 피부 등 감각 기관의 속성은 구조적으로 인간을 무명의 단계에 머물게 한다. 이것을 벗기는 방법은 오로지 자신의 현실적인 의지뿐이다.

우파니샤드의 인과론은 질량 보존의 법칙과도 같은 행위 보존의 법칙을 만들어 낸다. 이 세상에서 자신의 미래를 만들어가는 것은 주관으로서의 그 자신이기 때문에 스스로 어떤 행위를 하고 어떤 일을 하는가에 따라 그 결과를 자신이 받게 되어 있다는 것이다. 이것이 바로 업業(karma) 사상이다. 즉, 행한 대로 거둔다, 또는 뿌린 대로 거둔다는 것이다.

> 그가 행하는 대로 이루어지리니
> 선업을 쌓으면 그 쌓인 선업으로 인하여 선하게 되고
> 악업을 쌓으면 그 쌓은 악업으로 인하여 악하게 되노라.
> (『브리하다란야까 우파니샤드』 4.4.5)

> 무지의 인간은 그 업보나 그 생각하는 바에 따라
> 또 다시 그 자신이 모르는 육신을 입으러 세상으로 가리라.

그러나 어떤 사람들은 그처럼 왕래하지 않는다.

행함에 따라, 생각하는 바에 따라 각기 그 처지가 다른 것이니. (『까타 우파니샤드』 2.3.14)

해탈

우리가 몸도 건강하고 재산도 풍족하며 만인의 주인으로 숭앙을 받는 인간이 가질 수 있는 행복의 조건을 모두 갖게 되었다고 하더라도 이 행복감은 저세상을 정복한 조상들의 행복감의 백분의 일일 뿐이다. 이 죽은 조상들의 행복감은 반인반신 간다르와 세계에서의 행복감의 백분의 일에 불과하며, 간다르와의 행복감은 다시 업의 대가로 신이 된 자들의 행복감의 백분의 일, 이들의 행복감은 창조주의 행복감의 백분의 일, 창조주의 행복감은 베다를 알고 죄와 욕망을 털어 버린 해탈한 자의 행복감의 백분의 일일 뿐이다. 이 해탈한 자의 행복이 지고의 행복이며, 브라흐만의 세계이다. (『브리하다란야까 우파니샤드』 4.3.33)

우파니샤드의 윤회와 업은 단순히 맹목적인 반복이 아니다. 그 궁극 목표는 해탈이다. 해탈이란 그 어느 곳에도 얽매이지 않고, 완전히 자유롭고, 완전히 행복한, 어쩌면 말로는 설명할 수 없는, 모든 인간이 도달하기를 갈망하는 이상향이다.

우파니샤드의 계승자들

우파니샤드가 보여 주는 자유롭고 새로운 사유의 흔적들은 이후 인도의 철학사 전체가 바로 이것의 영향을 받았음을 증명한다. 물론 우파니샤드에서 뚜렷한 철학 체계를 찾기는 쉽지 않다. 인도의 철학사는 그 원동력이 되는 사유의 주체에 있어서 서양의 그것과 많이 다르다. 다시 말하면, 철학자 개인의 철학으로 이어진 것이 아니라 계보 속 다수에 의해서 이어진 인도의 철학사에서 우파니샤드의 정신은 가우다빠다(Gauḍapāda)[2])나 바다라야나(Bādarāyaṇa)[3]) 또는 샹까라(Śaṃkara)나 라마누자(Rāmānuja)[4])와 같은 특정 철학자뿐 아니라 불특정 다수의 인식론에 실로 큰 영향을 미쳤다. 산스끄리뜨로 '철학'을 'darśana' 즉 '삶을 바라보는 방법'이라고 하는데, 우파니샤드는 인식 주관에 대한 탐구 과정을 통해서 삶을 바라보는 다양한 시각을 제공했다. 따라서 우파니샤드 이후에는 체계적인 관점을 공유하는 철학들이 차차로 형성되었다. 세상의 창조 과정을 분석하고 이론화하려고 한 상키야 철학, 마음의 불안 상태를 심리 분석과 정신 집중을 통해서 가라앉히고 인생의 목표를 내면의 자아의 발견에 둔 요가 철학, 제사와 같은 행위 그리고 언어의 상징과 의미를 파악하고자 한 미망사 철학, 근원 요소와 그 속성, 원리 등을 파악하여 세상을 분석적으로 이해하려는 바이셰시까 철학, 논리나 추리 과정을 중시한 니야야 철학, 자신의 참모습과 우주의 근원의 관계를 파악하고 세상에서의 그 전개 방법을 제시한 베단따 철학이 모두 우파니샤드를 계승하고 아이디어 창고로 사용했다. 또 세계적인 종교로 전개된 불교 철학과 그와 비슷한 시기에 나타난 자이나 철학, 그리고 신을 완전히 부정하고 현실적인 삶에 몰두해야 한다고 주장한 육사외도六師外道 등 유물론자들도 우파니샤드 영향 아래 나름대로의 체계를 완성했다. 자아, 주관, 궁극자의 개념들에 대한 상호 다른 견해가 붓다, 샹까라, 요가 철학을 확립한 빠딴잘리(Patañjali), 상키야 철학의 창시자로 알려진 까삘라(Kapila) 등에 의해 피력되었지만, 모두 우파니샤드에 뿌리를 두고 있음은 부정할 수 없는 사실이다. 그러나 시간이 지남에 따라 비정형성의 우파니샤드 정신의 생명력이 소진되자, 그 활력은 사라지고 우파니샤드의 껍질만 남은 명칭이 쉬와(Śiva), 비슈누(Viṣṇu), 샥띠(Śakti) 등 특정 신학들의 지팡이로서 재생산되기도 하였다. 우파니샤드의 철인들은 그 어떤 속박도 없는 완전한 자유의 삶을 갖기 위해서 이성보다는 감성을, 초월적 신보다는 자기 내면을, 지식보다는 수련을 중시하였다.

대서사시

융화의 결과: 표준화된 윤리관의 형성

『라마야나』와 『마하바라따』 양대 서사시는 다양한 에피소드를 통해 제사를 중시한 브라만 전통과 이와는 반대로 고행 등 수행과 명상을 중시한 슈라만 전통이 조화된 모습을 보여준다. 베다의 권위는 유지되지만 베다의 신들은 거의 자취를 감춘 채 브라만, 비슈누, 쉬와의 새로운 삼신三神 구도가 자리를 잡고 특히 비슈누의 다양한 화신 개념과 쉬와 신앙, 여신 숭배 등 이후 힌두교의 형태가 만들어진 것이다. 이것은 비베다적인 전통과 베다 전통의 융합이 만들어 낸 결과라 할 수 있으며, 이후 브라만 중심의 힌두교가 그 밖의 다양한 행태를 하나로 포섭하는 계기가 되었다. 특히 이 두 서사시를 통해 표준화된 인생의 4대 이상(다르마, 아르타, 까마, 목사)[5]과 인생의 4단계(학습기, 가장기, 숲 속 수행기, 기세기)[6]는 힌두의 윤리관을 형성하였다.

수많은 『라마야나』와 하나의 『라마야나』

『라마야나』는 '라마 왕자의 일대기'라는 뜻이다. 사실 '라마야나'라는 이름으로 불리는 이야기는 인도 내에 한 가지가 아니라 수도 없이 많다. 『발미끼 라마야나』, 남부 따밀 지역의 『깜빠 라마야나』, 자이나교도들 사이에 통용되는 『자이나 라마야나』, 남부 께랄라 지역의 『깐나다 라마야나』, 인도가 아닌 태국에서 재생산된 『라마끼얀』 등 널리 알려진 서로 다른 전통의 라마의 일대기만도 다수이다. 인도 전역에서 300개의 라마야나를 수집한 한 학자의 예에서도 알 수 있듯, 라마야나는 각 지역과 이야기 전통에 따라 전해져 끊임없이 재생되고 있는 "끝나지 않는 이야기"이다.

그 많은 라마야나 중에 최초의 원본이라 할 만한 것은 신화적 저자인 발미끼와 관련된 『발미끼 라마야나』이다. 2만4000 경구警句의 서사시 형식으로 된 이 문헌이 누리는 대중적 인기와 십수 세기 동안 다양한 장르의 문학적 소재로 끊임없이 창작의 영감을 제공한 원천이 되었으며, 또한 음악, 미술, 무용 등 예술 분야의 장인들에게 창조적 영감을 제공해 온 사실은 실로 놀라울 정도이다. 이런 면에서 보면 라마야나가 인도 내외의 문화에 미친 영향력은 모든 인도 경전을 넘어서는 것이라고 할 수 있다.『마하바라따』와 함께 대서사시라고 불리는『라마야나』는 단순한 이야기를 넘어『바가와드 기따』와 함께 힌두들이 가장 많이 접하는 경전으로 지목되기도 한다.

라마 왕자의 일대기를 담은 이 이야기는 발미끼라는 시인이 쓴 것이라고 하지만, 발미끼는『라마야나』전반부에 소개되는 것과 같이 비슈누의 화신으로서의 라마의 이야기를 듣고 적었다는 신화적 저자이다. 일반적으로『라마야나』는 설화로서 대중적 인기를 얻고 있었던 이야기 가운데 하나였으며, 이것이 기원전 6세기 이후 편집되기 시작하여 지역에 따라 다양한 판본으로 전해지고 기록된 것으로 알려져 있다. 현존하는 발미끼의『라마야나』가 완성된 것은 인도 대륙에 비슈누 숭배가 정착한 3세기 또는 4세기가량으로 추정되며, 이후 인도의 다양한 지역성을 초월하여 공통의 전승서로 확고히 자리잡았다.

이야기에 따르면 라마는 세상의 정의가 흔들리는 뜨레따 유가에 악마의 왕 라와나를 처단하기 위해 비슈누의 일곱 번째 화신으로 이 땅에 내려왔다. 라와나는 지독한 고행 끝에 신들로부터 은총을 받아 그 어떤 신이나 간다르와에 의해서 죽지 않는 존재가 되었다. 자신의 불멸성을 믿고 라와나가 신들과 인간들을 괴롭히고 세상의 질서를 어지럽히자 비슈누는 세상을 구하기 위해 라마로 화신하여 라와나를 처단한 것이다.

끝없이 재생산되는 이야기

이와 같은 『발미끼 라마야나』는 대개의 다른 경전들과 마찬가지로 산스끄리뜨로 낭송되고 기록된 것인데, 17세기에는 뚤시다스(Tulsīdāsa)라는 시인이 힌디의 방언 중 하나인 아바디어로 『라마짜리뜨마나스Rāmacaritamānas』라는 제목으로 다시 써서, 산스끄리뜨를 모르는 일반 대중들이 직접 읽고 낭송할 수 있는 대중성을 확보했다. 이후에도 남부 따밀 지역에서는 깐바르(Kanbar)에 의해서 따밀어 『라마야나』가 새로 쓰여 졌으며, 이 또한 남부의 일반 대중들에게 상당한 인기를 누렸다.

단순히 읽는 책으로서뿐만 아니라 『라마야나』는 『마하바라따』와 함께 문학, 예술의 보고로 남아 있다. 일반인들은 자녀들에게 의무, 바른 행동거지, 도덕적 개념들을 가르치기 위해 라마의 이야기를 들려준다. 또한 이야기 속에서 가장 이상적이고 정의로운 왕 라마가 통치하는 국가가 하나의 이상향이 되었기 때문에 현대 정치의 이상으로도 여겨진다. 또 북인도에서는 더쉬헤라 축제 기간 동안 라마의 일대기를 연극으로 꾸민 라마릴라(Rāmalīlā)가 모든 도시와 마을에서 벌어진다. 이런 식으로 사람들은 매년 선이 악을 이긴다는 진리를 확인하고 기억한다.

『라마야나』의 줄거리

『라마야나』는 유년 시절 편(Bāla kāṇḍa), 아요디야 왕국 편(Ayodhya kāṇḍa), 숲으로의 유배 기간 편(Āraṇya kāṇḍa), 끼슈낀다의 용사들 편(Kiskindha kāṇḍa), 랑까섬 대장정 편(Sundara kāṇḍa), 전쟁 편(Yuddha kāṇḍa), 나중 이야기 편(Uttara kāṇḍa) 등 총 7장으로 구성되어 있으며, 그 줄거리는 다음과 같다.

아요디야 왕국의 다샤라타왕에게는 자식이 없었다. 왕은 제사를 올린 끝에 세 명의 왕비로부터 각각 라마, 락슈마나, 바라따, 샤뜨루간을 얻었다. 첫째 아들 라마는 왕뿐 아니라 모든 백성으로부터 신뢰와 지지를 받았고, 황태자로 내정되었다. 그러나 셋째 왕비 께께이는 자신이 낳은 아들인 바라따가 황태자가 되도록 하기 위해 예전에 왕이 소원을 들어주겠다고 한 약속을 이용했다. 두 가지 소원을 요청했는데, 첫 번째는 바라따를 황태자로 봉해 달라는 것이었고, 두 번째는 라마를 14년간 유배를 보내라는 것이었다. 바라따는 나중에 이러한 사실을 알고 어머니를 원망한다. 한편 약속을 되무를 수 없는 왕은 어쩔 수 없이 라마를 유배 보내고, 능력 없는 자신을 자책하며 세상을 떠난다. 라마의 부인인 시따와 라마의 동생 락슈마나는 라마의 유배 길에 스스로 따라나서서 셋이 함께 유배지를 떠돌게 되는데, 바라따는 다샤라타왕의 임종 소식을 듣고 라마에게 다시 돌아와 달라고 설득하려고 따라나서지만, 라마는 아버지의 명령을 그대로 따를 것을 고집한다. 바라따는 라마를 대신하여 그가 돌아올 때까지만 아요디야 왕국을 통치하겠다고 한다.

라마, 시따, 락슈만은 숲속 은둔처를 마련하고 지내게 되는데, 라와나의 여동생인 슈루빵카가 라마를 유혹하러 온다. 라마가 거절하자 슈르빵카가 시따를 공격하는데, 이것을 막기 위해 락슈마나가 칼을 휘둘러 슈르빵카의 코와 귀를 베어 버린다. 이에 분노한 라와나는 신통력을 통해 라마, 락슈마나를 속이고 시따를 자신의 왕국인 랑까로 납치해 간다. 랑까에는 시따뿐 아니라 많은 사람들이 납치되어 와 있었다. 라마는 시따와 사람들을 가둔 라와나를 처단하기 위해 독수리 왕 자따유와 원숭이 장군 하누만의 도움을 받아 랑까로 들어간다.

결국 라마는 라와나를 물리치고 시따와 사람들을 구했으며, 유배를 마친 후 아요디야로 돌아와 가장 이상적인 통치를 했다.

시따에 대해서 사람들이 의심의 눈초리를 보내자 라마 스스로 시따를 받아들이지 않을 것을 선언하지만, 시따는 자신의 순결함을 불의 신을 통해 증명하고 홀로 쌍둥이 아들을 낳아 키운다. 후에 시따는 땅속으로, 라마는 비슈누의 자리로 돌아간다.

경전 『라마야나』

『라마야나』가 경전으로도 인식되는 것은 형식이 이야기일 뿐 그 안에서 다루는 주제가 궁극적으로는 신을 기억하고 삶을 살아가는 방법을 제시하는 소위 '베다의 정신'을 계승하고 있기 때문이다. 다시 말해서 어려운 베다의 가르침을 이야기를 통해서 보다 흥미롭고 쉽게 전달하는 효과를 거두는 경전이라는 것이다. 『라마야나』의 이야기는 다르마, 윤리, 진실, 처세법 등을 담고 있지만, 이야기를 읽거나 듣거나 보는 사람은 자신도 모르는 사이에 이 이야기가 제시하는 이상적인 삶, 이상적인 행동 양식, 표준화된 윤리관을 받아들이게 된다.

『마하바라따』의 줄거리

천상 선녀 메나까의 딸인 샤꾼딸라는 숲 속에서 까느와 성자의 수양딸이 되어 살았다. 어느 날 우연히 사냥을 나온 왕 두시얀따와 사랑에 빠진다. 둘 사이에서 바라따라는 아들이 태어났다. 이 아들은 왕이 되어 처음으로 후계자를 아들이 아닌 자격을 갖춘 자로 하기로 선언했으며, 그의 이름을 빌어 '위대한 바라따의 후손들'의 이야기가 펼쳐진다.

바라따 왕조에 산따누라는 왕은 갠지스강의 여신을 만나 결혼한다. 왕비는 아이를 낳았지만 아이만 데리고 왕을 떠난다. 가장 훌륭한 스승 아래 왕이 될 준비를 마친 아이는 성장하여 아버지 곁으로 돌아와서 황태자가 된다. 하지만 왕이 사띠야와띠라는 처녀와 결혼하려고 하는 것을 알고 결혼 성사를 위하여 황태자 자리를 포기한다. 아들은 아버지를 위하여 왕좌에 앉지 않을 것이며 후손도 남기지 않기 위해서 결혼도 하지 않겠노라고 선언한다. 이후 아들은 무섭게도 의지가 강한 사람이라는 뜻에서 '비슈마'라고 불린다.

왕은 결혼할 수 있었고, 왕비가 낳은 아들이 황태자가 되었는데, 두 처녀와 결혼하고 나서 왕이 되었으나 젊은 나이에 병사하고 만다. 하지만 비슈마는 스스로 약속을 지키기 위하여 끝까지 왕좌에 앉지 않는다. 하는 수 없이 왕비는 처녀 시절 신비한 경험을 통해 난데없이 아이를 낳았던 과거가 있어 그 아들 비야사를 불러 두 미망인 왕비를 통해 아들을 얻는다. 미망인들은 비야사 성자가 두려워 눈을 감거나 얼굴이 노랗게 질린 채로 성자를 맞았기 때문에 각각 장님인 아들 드리따 라슈뜨라, 얼굴이 창백한 빤두를 낳았다. 미래를 걱정하여 비야사에게 청하여 하녀에게서도 한 명의 아이를 얻는데, 그는 하녀의 몸에서 태어났지만 가장 현명한 왕국의 조언자가 될 비두라였다.

드리따 라슈뜨라는 장님으로 태어나 맏아들임에도 정사를 제대로 보살필 수 없다 하여 왕위를 동생 빤두에게 넘긴다. 빤두는 한때 영토를 확장하는 등 맹위를 떨치지만 휴양차 갔던 숲에서 선인 부부를 실수로 죽이는 바람에 자식을 낳을 수 없는 저주를 받는다. 빤두는 첫째 부인 꾼띠가 처녀 때 은총으로 받은 주문을 통해서 다르마의 신, 바람의 신, 천둥 번개의 신, 아슈윈 쌍둥이 신에게서 다섯 명의 아들을 얻지만, 저주에 따라 죽고 만다. 한편 드리따 라슈뜨라는 왕비 간다리에게서 아들 백 명과 딸 한 명을 얻는다.

빤두의 죽음으로 왕위에 오른 드리따 라슈뜨라는 자신의 장애로 인해 가질 수 없었던 왕위에 집착하게 된다. 이제 다음 대의 왕위는 누가 이을 것인가에 대해 조정에서는 빤두가 선대왕이므로 당연히 그 첫아들 유디슈티라가 왕위를 이어야 한다고 하지만, 드리따 라슈뜨라는 왕위에 대한 집착 때문에 갈등하고 자신도 모르는 사이에 맏아들인 두르요다나의 야망에 희망을 준다.

유디슈티라를 비롯한 빤두의 아들 다섯 명과 두르요다나를 비롯한 드리따 라슈뜨라의 아들 백 명은 사촌간이면서 왕위 계승 문제로 갈등의 가장 큰 소용돌이 속에 빠져든다. 두르요다나 측은 유디슈티라 형제들을 시기하면서 수없이 계략을 짜 죽이려고 하지만 다섯 형제들은 그때마다 살아난다. 불안해진 드리따 라슈뜨라는 아예 왕국의 절반을 떼어 유디슈티라 형제에게 주고 따로 통치하게 한다. 시기심이 많은 두르요다나는 왕국의 절반을 통치하는 것에 만족하지 못하고, 외삼촌 샤꾸니와 계략을 꾸며 다섯 왕자에게서 왕국을 빼앗았을 뿐 아니라, 14년간 유배 생활을 하게 만든다. 마지막 1년은 행방을 아무도 모르게 지내야 했으므로 더욱더 어렵게 유배 생활을 마친 다섯 왕자들은 마침내 돌아와 자신들의 몫을 달라고 요구하고, 이에 응할 수 없는 두르요다나 측은 전쟁에 돌입한다.

다섯 왕자의 셋째 아르주나는 막상 싸움터에 서고 보니, 건너편 들판에 나와 선 사촌, 스승, 친척, 그리고 자기 의무에 충실할 뿐인 사람들을 보고 싸움에 대해 회의하고 살생을 두려

위한다. 정당한 의무와 귀한 생명을 해치는 일 사이에서 번뇌하는 아르주나에게 끄리슈나는 우주적 질서, 개개인의 의무, 윤회의 법칙, 해탈에 이르는 길에 대한 가르침을 준다. 의무에 충실하라는 신의 가르침을 오랜 망설임 끝에 받아들인 아르주나는 군대를 이끌고 전쟁에서 승리한다. 우주적 질서 안에서 자신의 의무에 충실한 유디슈티라 등 다섯 왕자는 후에 히말라야산을 통해 천상에 도달한다.

제5의 베다 『마하바라따』

'위대한 바라따의 후손들'이라는 뜻을 가진 『마하바라따』는 『라마야나』와 함께 2대 대서사시로 알려져 있다. 『라마야나』나 그 외의 다른 경전들과 마찬가지로 이 서사시 또한 신화적인 저자만 있을 뿐 오랜 세월 동안 여러 계보의 시인 또는 학자들에 의해 형성된 것이다. 본래 이 서사시의 모티브라고 할 수 있는 꾸루 들판에서의 전쟁은 기원전 10세기 전후해서 실제로 있었던 역사적 사실이었다고 하지만, 현재의 10만 개의 경구警句로 된 『마하바라따』가 편집된 시기는 아무리 빨라야 기원전 6세기 이후에 시작되었을 것이고, 나중에 첨가된 철학적인 부분이 완성된 기원후 2세기경에야 현재의 형태를 갖추게 되었을 것이다. 『마하바라따』의 서문에는 이 이야기가 베다 비야사(Vyāsa)가 신의 뜻을 받아 적은 것이라고 하였는데, '비야사'란 '편집자'라는 의미를 가지고 있어서 특정인의 이름인지조차 알 수 없다.

수없이 많은 액자식 이야기들이 큰 이야기의 배경을 이루고 있는 이 이야기는 『라마야나』의 네 배에 이르는 방대한 분량과 복잡한 구성으로 그야말로 다양한 인간관계의 문제들을 다룬다. 서문에도 "이 『마하바라따』 안에 있는 이야기는 세상 어디에도 있는 이야기이며, 이 안에 없는 이야기는 세상 그 어디에도 없다"고 했다. 이렇게 많은 에피소드를 통해서 『마하바라따』는 가능한 모든 인간관계와 문제들, 그 배경이 되는 갖가지 상황들을 통해서 해답과 기준을 제공하는데, 그래서 『마하바라따』를 제5의 베다라고도 한다.

이야기의 주제는 악에 대한 선의 승리와 사회 구성원 개개인의 다르마를 다루고 있으며, 구체적으로는 정치·경제·문화적 배경과 그것을 구성하는 법률·박애·예의·의무·도덕·선 등에 대한 가치 기준을 포함하고 있다. 이 서사시는 『라마야나』와 마찬가지로 베다 중심의 세계관과 비슈누의 새로운 화신 끄리슈나(Kṛṣṇa)의 이야기를 담고 있지만, 『라마야나』처럼 전체 이야기가 연극으로 상연되거나 읽히는 일은 드문 편이다. 그것은 『마하바라따』에 포함되어 있는 『바가와드 기따』가 실질적인 경전과 같은 역할을 하기 때문이다. 힌두들이 가장 애독하는 경전으로 꼽히는 『바가와드 기따』는 주인공의 하나인 셋째 왕자 아르주나가 무기를 들어 사촌과 스승, 친척들을 살해하는 전쟁을 두려워하고 갈등하자, 끄리슈나가 신으로서 갈등을 해소하기 위한 기준을 제시해 주는 내용으로

되어 있다. 때문에 묻고 답하는 형식으로 철학적 가르침이 제시되는데, 이 부분은 『마하바라따』의 제6장 25절에서 42절에 속하며, 독립적으로 『바가와드 기따』라는 제목의 경전으로도 취급된다.

수뜨라

수뜨라의 효율성

수뜨라는 '실' 또는 '끈'이라는 뜻으로, 한자 문화권에서 흔히 '경經'으로 번역된다. 이 말은 실에 구슬을 가지런히 끼우듯, 리듬감 있는 운율과 간결한 어휘로 내용을 정리했다는 의미이다. 또 수뜨라를 전승하는 주체가 각 학파마다 다르고, 그 주체가 되는 각 학파들이 가계 중심의 전통을 계승했기 때문에 '수뜨라'라는 명칭이 사용되었다고 볼 수도 있다.

수뜨라는 기원전 500년에서 200년 사이에 베다 문학과 이후 문학의 황금기 사이에 형성되었다. 베다를 유지하기 위해 부수적으로 발달한 여섯 가지 학문 체계도 수뜨라를 통해서 만들어졌다. 여섯 가지 학문 체계(vedāṅga)란 음성학(Śikṣā), 어원학(Nirukta), 문법학(Vyākaraṇa), 운율학(Chanda), 천문학(Jyotiṣa), 설계 및 건축학(Śilpa)의 여섯 가지 부속 학문을 말하는데, 음성학과 운율학, 문법학, 설계 및 건축학은 제사 의례의 정확성을 기하기 위한 것이고, 어원학은 종교적인 의례와 의무를 실천하기 위해 필요한 신에 대한 지식을 담은 것이고, 천문학은 길일시吉日時를 잡기 위한 천문학적 지식을 담은 것이다. 가장 오래전에 성립된 수뜨라는 깔빠 수뜨라이다. 전통적으로 훌륭한 브라만이란 이러한 내용에 대해 정통해야 하고, 외부적으로 자신을 소개할 때에는 어떤 수뜨라와 연관이 깊은 어떤 학파에 속한다는 족보를 반드시 대야 한다고 한다.

인도 학문의 체계적 발전기

깔빠 수뜨라는 베다에 언급된 제례의 세세한 부분[7])에 대한 규범을 제시한 슈라우따 수뜨라, 일상적인 가정의례에 관한 내용을 담은 그리히야 수뜨라[8]), 행동 규범과 법을 제시한 다르마 수뜨라의 세 부분으로 구성된다. 제례에 있어서 제단의 불은 어떻게 놓는가, 짜뜨르 마시야 의례의 구체적인 과정은 어떤 것인가, 이러한 세세한 내용의 실천과 샹카야나 전통, 사마 베다와 직접적인 연관성을 두고 있는 자이미니, 마나사까, 라띠야야나, 드라히야야나, 흑黑 야주르 베다와 직접적인 연관성을 두고 있는 바우다야나, 마나와, 바라드와자, 아빠스땀바,

히란야께쉰, 백白 야주르 베다와 직접적인 연관성을 두고 있는 까띠야야나, 아타르와 베다와 직접적인 연관성을 두고 있는 까우쉬따끼 전통 등이 있었다고 한다. 가정의례란 브라만이 주체가 되는 것이 아니라 각 가정의 가장이 주체가 되는 것이다. 특히 결혼식에 관한 상세한 의례를 설명하는 것으로 시작되는 그리히야 수뜨라들이 대부분이다. 여러 학파의 전통이 다소 차이가 있었기 때문에 『아빠스땀바 그리히야 수뜨라』 『바우다야나』『아슈와리야나 그리히야 수뜨라』『상카야나 그리히야 수뜨라』『고빌라 그리히야 수뜨라』 등은 같은 의례를 두고 세부 내용에 다소 차이를 보인다. 여기에 담긴 내용들은 모두 베다의 세계관을 반영한 것으로 이해되며, 제사 중심의 사회를 유지하는 데 필요한 규범과 기준을 제시한다고 믿어진다.

기원전 3세기경부터는 수뜨라 형식을 빌어 『미망사 수뜨라』 『베단따 수뜨라』『상키야 수뜨라』『요가 수뜨라』『바이셰시까 수뜨라』『니야야 수뜨라』의 육파철학과 자이나교, 불교의 근본 경전이 제작되었으며, 학자의 개인적 능력보다 학파적 전통을 중시하는 특유의 경향에 따라 각 경전들의 해설서들이 무수히 쓰여졌다. 수많은 경전과 주석서, 그에 대한 복주석서가 각 학파에 따른 견해와 새로운 해석을 제시하는 방법으로 사용됨에 따라 수뜨라는 모든 지식과 가르침을 담는 그릇의 역할을 톡톡히 해냈다. 따라서 인도 철학사에 있어 기원전 3세기에서 17세기경까지의 시기를 수뜨라를 통한 체계적 발전기로 보기도 한다.

신화집: 뿌라나

인도신들의 이야기

'뿌라나(Purāṇa)'라는 말은 '오래된 것'이라는 뜻이며, 뿌라나 문헌들은 신과 우주의 창조와 질서에 관한 오래된 이야기들을 담고 있기 때문에 전형적인 신화집의 성격을 가지고 있다.

인도의 경전 전통에서 뿌라나 문헌들은 베다의 계시를 전승하기 위한 전승서의 대표적인 경전으로 여겨지며, 18종이 있다. 시기상으로 이 뿌라나들은 『라마야나』 또는 『마하바라따』의 결집이 끝난 후에야 형성된 것으로 보이는데, 대개 3세기에서 15세기경까지 결집된 것들로 판단된다. 각 뿌라나들의 본문은 유사한 운율법이 적용된 운문 형식으로 이루어져 있어서 통일적 모습을 보이고 있는데, 분량은 일정치 않아 『스깐다 뿌라나』와 같이 긴 것은 8만1000여 개의 구절로 구성되어 있는가 하면, 『브라흐마 뿌라나』와 같이 짧은 것은 1만여 개의 구절로 구성되어 있는 것도 있다.

우주의 창조를 담당하는 브라흐마, 유지를 담당하는 비슈누, 파괴를 담당하는 쉬와, 이 세 신은 뿌라나의 수많은 이야기들을 지탱하는 기둥이라고 할 수 있다. 이 세 신들은 다양한 에피소드를 통해서 세상 사람들이 기억해야 할 불멸의 진리, 세상의 창조·유지·파괴에 관한 메시지를 준다. 또한 이 세 신들은 이야기 속에서 서로 능력을 겨루거나 협동하여 신과 인간과 악마가 각기 자리하고 있는 삼계의 질서를 유지해 나간다. 또한 여신들의 등장과 활약상은 위의 삼신 구도와 함께 인도 종교의 중요한 틀을 형성하였다.

뿌라나가 이야기를 통해 가르치는 베다와 다르마 수뜨라의 다르마 개념, 선악공과 등에 대한 교훈은 고대 인도인들의 우주관, 신관, 윤리관을 파악할 수 있는 근거로 해석되기도 한다.

그런데 전통적으로 뿌라나에서 천명하는 뿌라나의 내용은 우주의 창조, 파괴와 재창조, 주요 신들과 권위, 마누의 통치, 태양 왕조와 태음 왕조의 역사라고 많은 사람들이 말했지만, 실제로 이런 조건을 완벽하게 갖추고 있는 뿌라나는 거의 없다. 그보다는 세계 어느 곳에서도 그러하듯 인도에서도 그 구성원들의 독자적인 세계관 속에서 신들과 가까워지고 싶었던 많은 사람들의 소망과 상상력이 만든 결과물이라고 볼 수 있을 것이다. 따라서 뿌라나는 대중적인 경전으로 분류된다. 이야기 포맷의 특성인 신이 주인공이 된다는 점과 이야기 해설의 방식 등을 볼 때 이전의 경전들과 달리 제관이나 학자들을 대상으로 한 것이 아님을 알 수 있기 때문이다. 각 이야기들의 주제는 베다나 그 이후의 천계서의 범위를 크게 벗어나지 않았지만, 보편적인 신화의 발생 배경이 그러하듯 이야기의 전승 주체나 그 대상이 일반 대중들이었던 것이다. 따라서 이야기의 전달 방식도 묻는 자와 답하는 자 사이의 대화 형식이 많으며, 결과적으로 종교성과 도덕성에 대한 교육적 성격까지도 포함한다.

뿌라나의 종류

18종의 뿌라나 가운데 『브라흐마 뿌라나』, 『브라흐만다 뿌라나』, 『브라흐마-바이와르따 뿌라나』, 『마르깐데야 뿌라나』, 『바위시야 뿌라나』, 『바마나 뿌라나』 등은 창조신 브라흐마와 관련이 있는 것들이다. 또한 『비슈누 뿌라나』, 『바가와드 뿌라나』, 『나라디야 뿌라나』, 『가루다 뿌라나』, 『빠드마 뿌라나』, 『바라하 뿌라나』 등은 비슈누에 관한 문헌들이다. 『쉬와 뿌라나』, 『링가 뿌라나』, 『스깐다 뿌라나』, 『아그니 뿌라나』, 『마뜨스야 뿌라나』, 『꾸르마 뿌라나』 등은 쉬와에 관한 것들이다. 『바유 뿌라나』는 『아그니 뿌라나』와 『쉬와 뿌라나』에 부수적인 것으로 취급되기도 한다.

이 중 『바유 뿌라나』 『마르깐데야 뿌라나』 등이 초기에 만들어진 것으로 생각되며, 대중들의 사랑을 가장 많이 받는 것은 비교적 후대에 형성된 『바가와드 뿌라나』이다. 18종의 뿌라나에는 이미 만들어진 경전 전수 전통에 따라 이것을 해설하는 부수적인 경전들도 생겼다.

뿌라나의 의의

뿌라나 문헌들은 오늘날 힌두들이 실천하고 있는 삼신과 여신의 구도를 완성한 경전이다. 파괴의 신 쉬와, 유지의 신 비슈누를 비롯하여 슈리, 빠르와띠, 락슈미, 사라스와띠, 두르가, 깔리 등 여신들의 이야기를 담고 있는 뿌라나 문헌들은 소위 힌두교 대전통을 형성하고 있으며, 각 지역마다 유지되어 온 그 외 다양한 신들의 힌두교 소전통에 끊임없이 새로운 영감을 부여하고 있다.[9] 따라서 뿌라나는 실질적으로 다양하고 세세한 힌두 종교 양식에 영향을 미친 경전이다.

브라흐마의 창조

브라흐마는 신들과 온 세계를 창조한 창조자이다. 창조 후 세계는 끄리따 유가 4800년 그리고 뜨레따 유가, 드와빠라 유가, 마지막 1200년의 깔리 유가를 거치는데, 각 유가는 점점 그 길이가 줄어 총 1만2000년의 시간 동안 유지된다. 이것은 신들의 1유가에 해당하며, 신들의 1000유가가 창조자의 낮 시간, 또 그만큼의 유가가 창조자의 밤이다.

브라흐마의 얼굴은 넷이며, 사방을 둘러보는 자이다. 그에게서 열 명의 아들이 나왔는데, 그들이 바로 만물을 낳은 쁘라자빠띠이다. 지혜의 여신 사라스와띠가 바로 그의 부인이다. (『브라흐마 뿌라나』)

브리구 선인의 저주로 인해 더 이상 브라흐마 신은 숭배의 대상이 되지 못하게 되었다. (『빠드마 뿌라나』)

비슈누의 아바타르

비슈누가 요가 수면에 들어 있을 때 그의 배꼽에서 연꽃 한 송이가 나오더니 그 안에서 창조신 브라흐마가 태어났다. (『바가와뜨 뿌라나』)

비슈누는 브라흐마로서 신들과 세상의 모든 것을 창조했다. 창조를 위해 신께서 명상하실 때 맨 처음으로 떠오른 것은 무지로 시작하고 어둠으로 만들어진 창조였다. 신은 생각하지 못하고, 인지하지도 못하며, 느낄 수 없고, 움직일 수도 없는 무생물을 만드셨다. 이것이 첫 번째 창조이다. 그 다음으로 동물을 만드셨는데, 그들은 어둠의 속성을 가지고 있었으므로 지혜를 가질 수 없고, 행동을 조절하지 못하는 존재들이었다. 세 번째로 신은 기쁨과 즐거움을 누리며, 외부에서나 내부에서나 쉽게 정복될 수 없는 여러 신들을 만드셨다. 네 번째로 지혜의 빛을 가지고 있으나 어둠의 속성 또한 가지고 있어 쉽게 죄에 물들고 쳇바퀴 돌듯 행위에 매진하는 인간이었다. 이들은 외부와 내부에 대한 지혜를 가지고 있었으며, 영혼의 자유에 사용될 수 있는 존재들이었다. (『비슈누 뿌라나』)

유지의 신 비슈누는 세상에 정의를 확립할 필요가 있을 때마다 화신으로 세상에 내려온다. 뿌라나에 언급된 10화신은 물고기(Matsya), 거북이(Kurma), 멧돼지(Varāhā), 반인반수(Narasiṁha), 난쟁이(Vāmana), 빠라슈라마(Paraśrama), 라마(Rāma), 끄리슈나(Kṛṣṇa 또는 Bālarāma), 부처(Buddha), 백마(Kalkin)이다.

쉬와의 상투와 링가

아주 오래된 옛날, 우주가 어둠으로 덮여 있고 세상은 물로 넘쳐 나던 때였다. 비슈누와 브라흐마가 각기 자신이 신들 가운데 가장 뛰어나다고 주장하며 다투고 있었는데, 갑자기 거대한 불기둥이 물속에서 튀어나왔다. 불기둥은 너무 높이 서 있어서 마치 끝이 없는 것 같아 보였다.

두 신은 불기둥의 높이와 깊이를 알아보기로 했다. 비슈누는 수퇘지 화신으로 변해서 물속으로 뛰어들었다. 브라흐마는 백조로 모습을 바꾸어 높이 날아오를 수 있을 때까지 날아 올랐다. 그러나 비슈누와 브라흐마는 기둥의 끝을 보는 데 실패하고 놀라 되돌아왔다. 이때 쉬와가 나타나 그 불기둥은 쉬와의 화신적 권능을 상징하는 우주적 형태의 링가였다고 설명한다.

이 외에도 쉬와 링가의 기원을 설명하는 또 다른 신화에서는 인간들과의 거래가 성립되었다. 숲에서 고행을 하는 성자들이 있었다. 그런데 이들은 쉬와의 존재를 깨닫지 못하고 있는 상태였다. 이들을 일깨워 주기 위해 쉬와는 나체로 고행 중인 요가 수행자의 모습을 하고 성자들의 부인들을 유혹했다. 분노한 성자들은 요가 수행자를 붙잡아 그 성기를 거세해 버렸다. 그런데 성기가 땅에 떨어지는 순간 우주가 어둠 속에 잠겨 버리고 말았다. 성자들은 그제야 깨닫고 쉬와에게 빌면서 빛을 되돌려 달라고 호소했다. 쉬와는 빛을 돌려주되 그 순간부터 성자들이 자신을 링가의 형상으로 숭배하는 것을 조건으로 한다고 말했다.

창조의 근원적 원동력인 쉬와신은 히말라야의 아득히 높은 까일라사Kailasa산에 살고 있었다. 목을 감싸고 있는 수호 뱀과 창끝이 세 갈래로 갈라진 삼지창으로 유명한 이 쉬와신은 순환적 우주의 운행 법칙에 따른 우주의 파괴를 진행시키는 신이었다. 그러나 어쩐 일인지 그는 한동안 명상에만 몰두하고 있었다. 그러자 창조를 맡은 브라흐마신과 유지를 맡은 비슈누신이 그에게 간청하였다. "이제 그만 결혼을 하여 파괴를 진행해 주시지요." 아름다운 사띠(Sati)가 그에게 다가갔다. 쉬와는 결국 자신이 원할 때만 사랑을 나누는 연인이어야 한다는 조건을 걸고 그녀와 결혼하였다.
(『쉬와 뿌라나』)

이 신화는 순환적 우주 법칙과, 양성兩性의 결합 법칙을 뒷받침한다. 창조, 유지, 파괴의 작용은 지금도 진행되고 있고, 그중에도 파괴의 작용은 진행의 방향을 회귀시키는 의미로 가장 중요한 것이다. 쉬와신이 실제로 파괴의 작용을 하기 위해서는 이질적 요소(사띠)와의 결합이 필요했다. 단, 창조와 유지의 때에는 조용히 관조하고 있다가 파괴의 작용이 필요할 때만 그녀와 결합을 하는 것이다.

여신의 등장

여신은 절대자의 원초적 인격화(personification)의 상징으로서 흔히 비슈누-락슈미(슈리), 쉬와-빠르와띠, 끄리슈나-라다, 라마-시따 등으로 나타난다. 딴뜨라의 경전은 쉬와와 그 부인이 서로 번갈아 질문하고 답하는 가운데 인간의 다섯 감각, 제의祭儀, 요가를 통한 수행과 그 결과를 설한다.

최초의 여신 두르가(Durga, '정복되지 않는 자')의 탄생 신화는 삼신의 보완적 대체적 능력으로서의 여성성이 여신의 근원임을 말해 준다. 마히샤(Mahiṣa)라는 악마는 고행을 통해 천상의 신들을 능가하는 힘과 능력을 부여받았다. 게다가 남자 아닌 여자 손에 죽게 해 달라고 빌어, 여자로서 그를 죽일 힘은 누구에게도 없을 것이므로 사실상 불사의 조건을 얻어 냈다. 신들은 그를 죽이기 위해 모두 모여 여신을 만들고, 각자의 무기를 여신의 손에 들려 주었다. 마히샤는 결국 이 여신에게 죽게 된다.

그 어떤 존재보다도 가장 무서운 여신 깔리(Kālī)의 신화는 부드럽지만 단호한 어머니의 또 다른 모습을 보여 준다. 천상의 신들을 내쫓은 악마 슘바(Śumbha)의 무리들을 처단하기 위해 두르가 여신이 화신인 암비까(Ambikā)의 모습으로 나타났다. 슘바는 그 아름다운 자태에 반해 암비까에게 청혼을 했다. 암비까는 자신과 결혼하려면 자신이 내거는 조건을 모두 만족시켜야 한다면서 달성하기 어려운 과제를 하나씩 부여했다. 결국 암비까는 슘바의 약점을 이용하여 그를 처단하였다. 슘바를 처단할 때의 무시무시한 모습으로 인해 암비까는 검은 여자, 즉 '깔리'라는 이름으로 불리게 되었다.

『마누 법전』

지고의 존재는 창조된 이 모든 세상을 지키기 위해 입, 팔, 넓적다리 그리고 발에서 생겨난 자들의 까르마(의무)를 차례차례 정하였다.

베다를 배우고 가르치는 일, 제사를 치르고 주관하는 일, 증물을 주고받는 일, 이렇게 여섯 가지를 브라만에게 정해 주었다.

인민을 지키는 일, 증물, 제사, (베다) 학습, 그리고 감각적 대상에 현혹되지 말 것을 끄샤뜨리아에게 정해 주었다.

짐승을 기르는 일, 증물, 제사, 베다의 학습, 상업과 농사는 바이시아에게 정해 주었다.

슈드라에게는 하나의 까르마(의무)만을 정해 주었으니,

그것은 슈드라는 질투 없이 위의 세 신분들에게 봉사해야
한다는 것이다. (『마누 법전』 1.87-91)

　여자는 어리든, 젊든, 늙든 간에 집에서라도 그 어떤 일
도 독립적으로 해서는 안된다.
　어려서는 아버지 집에, 젊어서는 남편 집에, 남편이 죽어
서는 아들 집에 머물러야 한다. 여자는 독립해서는 안된다.
(『마누 법전』 5.147-148)

『마누 법전』의 권위

　모든 스므리띠 가운데 가장 오래되었을 뿐 아니라 권위와
영향력을 누려 온 것은 '마누 스므리띠'(『마누 법전』)이다. 현재
의 『마누 법전』 텍스트가 완성된 것은 대개 기원전 2세기경에
서 기원후 2세기경으로 여겨지지만, 그보다 훨씬 전부터 『마
누 법전』 또는 '마누의 가르침'은 전해져 왔다.
　마누 스므리띠의 '스므리띠'는 흔히 '법전'으로 번역되지만,
이것은 단순한 법전이 아니고 힌두 사회의 우주관과 세계관에
바탕하여 사회질서를 유지하고자 한 일련의 주체들이 그 구성
원들에게 부과한 규범들의 모음집이라고 할 수 있다. 따라서
이것은 힌두 사회의 가치관 형성에 있어 '우파니샤드'에 맞먹
는 영향력을 발휘해 왔다. 하지만 우파니샤드가 추상적이고
형이상학적으로 삶의 목적과 이상을 다룸으로써 관념론에 치

우쳤다면, 『마누 법전』은 그것을 구체적이고 실용적인 기준으로 실체화했다는 명백한 차이가 있다.

베다는 힌두들이 그 영원성을 바탕으로 모든 권위와 지식의 저장고라고 믿기 때문에 법의 원천이기도 하다. 따라서 종교, 사회, 정치, 경제 등 삶의 모든 분야뿐 아니라 가족 관계, 윤리관, 신분, 남성과 여성의 관계 및 지위 등 일상적인 생활 양식에 관한 기준을 베다에서 찾았는데, 이에 형성된 신분 이데올로기와 우주관을 모든 사회적 행위에 대한 근거로 제시한 법전들도 힌두 사회에서 중요한 전승서이다. 이러한 법전에는 『마누 법전』『나라다 법전』『바쉬슈타 법전』『바우다야나 법전』 등이 있는데, 특히 기원전 2세기에서 기원후 2세기 사이에 성립된 『마누 법전』은 중국의 사서삼경, 히브리의 모세율법과 같은 상징성과 그 이상의 영향력을 가진다. 따라서 세계적으로 『함무라비 법전』과 함께 2대 고대 법전으로 불리기도 한다.

『마누 법전』은 12장 2683개의 절(수뜨라)로 구성되어 있지만, 마누가 '쓴 것'이 아니라 마누가 사람들에게 '내려 준 것'이다. 『마누 법전』을 비롯해 야쟈왈끼야 법전 등도 단순히 훌륭한 법률가나 권위 있는 사제가 아닌 초인적 존재의 권위를 빌어 그 권위를 표현한 것이라고 볼 수 있다. 마누는 인간의 시조, 최초의 법 편찬자, 선인, 태양신의 아들, 자생자의 아들, 브라흐만 그 자체, 쁘라쟈빠띠(만유의 주인)로까지 묘사됨으로써 최고의 권위를 과시한다.

마누의 신화

『샤따바따 브라흐마나』의 신화에 따르면, 마누는 비슈누의 물고기 화신 맛시야의 말을 좇아 배를 준비하여 대홍수의 재앙 속에서 인류를 구원하였다. 말하자면, 그로 인해 인류가 완전히 멸망치 않고 남을 수 있었던 것이다. 홀로 남은 마누는 고행을 통해 여성을 만들고, 역시 고행의 방법을 통해 그 여성과 더불어 인류를 번성시켰다고 한다.

산스끄리뜨로 인류를 '마나와'라고 하는데, '마누의 후손'이라는 뜻이다. 마누의 신화에 의거, 태양 왕조 익슈바꾸의 시조인 마누는 새 인류의 조상이 되었고, 그는 새 인류의 법과 정의의 사회를 세우기 위해 베다를 전하고 법을 만들었다고 전해진다.

법과 규범

『마누 법전』은 중요한 베다의 전승서이지만 실질적으로는 베다의 부수 학문을 계승한 것이다. 법에 관한 가장 오래된 학문이라 할 수 있는 깔빠 수뜨라는 베다의 부수 학문의 하나로서 베다의 권위와 원형을 그대로 유지하는 데 기여하기도 했다. 깔빠 수뜨라는 베다를 통해 제사가 중시됨으로써 최고의 사회적 위치를 점하고 있는 브라만들이 베다의 세계관 아래 모든 사회 구성원들의 사회생활의 규범이 될 수 있는 기준을 제시한 것이었다. 이것은 슈라우따 수뜨라, 그리히야 수뜨라, 다르마 수뜨라의 세 부분으로 구성되었는데, 이 가운데 슈라우따 수뜨라는 베다의 종교적 제사와 의례에 관한 규범을 다룬 것이고, 그리히야 수뜨라는 재가 생활을 하는 사람들의 의례와 의식을 다룬 것이다. 마지막으로 다르마 수뜨라는 종교적인 규범과 세속적 규범을 함께 다룸으로써 실질적이고 모범적인 행동 양식의 본을 제시한 것이었다.

『마누 법전』은 이 다르마 수뜨라의 전통에서 형성된 것이다. 다르마 수뜨라10)가 형성된 기원전 6세기경에는 슈라만 전통의 확산으로 기세, 고행 등 탈사회적 행위들이 많아졌는데, 브라만들은 사회 질서를 유지해야 할 필요를 제시해야 했다.

신분과 다르마

브라만 법률가들은 주어진 신분을 통한 질서 유지를 위해 『리그 베다』의 뿌루샤(原人) 찬가에서 '위대한 뿌루샤'가 스스로를 제사 지내 그 몸에서 네 개의 신분을 출생시키는 신화를 이용했다. 우주적 인간의 원형의 입에서 브라만, 팔에서 끄샤뜨리야, 다리에서 바이시야, 그리고 발에서 슈드라가 나왔다는 것이다.

이 신화는 각 신분의 의례적 지위와 사회적 역할 및 기능에 부합하는 내용을 상징적으로 나타내고 있다. 예를 들면, 브라만은 제사를 집행하는 데 종사하고 제사와 관련된 교육을 책임지며, 끄샤뜨리야는 백성의 안전과 왕국의 유지 및 확장에 종사한다. 바이시야는 농사·목축·장사와 같은 생산 활동에 종사하고, 슈드라는 이상의 세 신분에게 봉사하는 각종 일에 종사한다. 이것은 역사 속에서 베다 말기 완전히 자리 잡은 정착 생활 및 농업의 확대, 그리고 그로 인한 계급의 발생과 특히 제사를 책임지는 브라만 권위의 확정이 신화적으로 해석된 결과라 할 수 있다.

다르마 수뜨라 문헌들은 이처럼 신들과 소통하는 제사를 통하여 권위를 획득한 브라만 법률가들이 자신들을 중심으로 한 사회적 질서의 틀을 사회 구성원들에게 우주적 질서로서 제시한 결과이다. 사회 구성원들은 이와 같은 다르마 수뜨라 문헌들을 통해서 우주적 질서와 다르마의 기원을 학습하고, 신분 질서 뿐 아니라 각 신분의 의무, 신분의 상하를 규정하는 정淨과 오염에 관한 규정과 같은 일상에서 필요한 구체적인 잣대 또한 부여받게 되었다. 따라서 이와 같은 다르마 수뜨라 문헌들은 제사양식, 브라만에 대한 도리와 의무로부터, 음식, 가족, 혼인, 죄와 속죄, 재산 분배에 관한 규정, 이 모든 규정 준수에 따르는 대가와 처벌에 관한 내용을 확고한 기준으로 제시했다는 데 큰 의미가 있다.

『마누 법전』은 다르마 수뜨라 문헌들 보다 나중에 만들어진 다르마 샤스뜨라 문헌에 속한다. 일련의 다르마 수뜨라 편찬이 일단락된 뒤 새롭게 나타난 다르마 샤스뜨라 문헌들은 보다 구체적인 일상의 다양한 주제를 일일이 규정하였으며, 『마하바라따』와 『라마야나』에 사용된 운문 형식을 빌어 보다 많은 사람들이 학습하게 될 교본으로서의 장점도 갖추었다. 또한 마누나 야쟈왈끼야 등 신이나 선인에게 그 저작의 권위를 둠으로써, 학습자가 거부할 수 없는 최고 스승으로부터 그 내용을 직접 받아들이게 되는 계기를 만들었다.

『마누 법전』이 인도사회에 절대적 영향력을 발휘했다는 사실 뒤에는 부정적인 면도 있다. 철저한 신분 사회, 남성 우위 사회를 강요해 온 실질적인 근거와 잣대가 바로 『마누 법전』이라는 것이다. 불가촉천민 출신으로서 법무장관까지 지낸 암베드까르는 1927년 이러한 『마누 법전』을 공개적으로 불태우는 화형식을 상징적으로 보여 주기도 했다.

주

1) 『리그 베다』 찬가의 4분의 1가량이 인드라신을 언급하고 있을 정도로 인드라신은 아리아인들이 가장 사랑한 신이다. 이 신화는 『리그 베다』의 인드라 찬가 부분에서 언급되고 있으며, 이 이야기를 통해 인드라신은 가장 강력한 전쟁의 영웅으로 흔히 '브리뜨라의 살해자'라는 별칭으로 불린다.
2) 브라흐만과 아뜨만의 관계를 불이론不二論으로 설명한 6~7세기경 인물로 『만두끼야 우파니샤드』에 대한 주석서 『만두끼야 까리까Māṇḍukya kārikā』를 통해 알려졌다. 그는 이 주석서를 통해 궁극자의 불이성不二性, 세계의 현상성을 주장했으며, 불이일원론不二一元論, 환영론幻影論을 확립한 샹까라에 큰 영향을 미쳤다.
3) 우파니샤드의 궁극자 브라흐만에 대한 체계적인 이론의 정립과 궁극자 이론에 반대하는 다른 이견자들에 대한 반박 논리를 결집한 『브라흐마 수뜨라Brahmasūtra』(3~4세기경)의 저자이다. 550여 편의 경구警句로 구성된 『브라흐마 수뜨라』는 궁극자를 증명하기 위한 다양한 논의를 야기하였으며, 브라흐만과 아뜨만의 관계를 각기 다르게 해석하는 10여 편의 주석서가 나왔다. 베단따 철학에서 이 문헌의 의미는 가히 절대적이었다고 해도 과언이 아니다.
4) 한정적 불이원론(Viśiṣṭādvaitavāda)을 주장한 13세기 인물이다.
5) 다르마는 인간으로서의 도리, 아르타는 유무형의 가치 및 재물, 까마는 성애, 그리고 목샤는 해탈이라는 의미이다. 다르마, 아르타, 까마는 삶의 단계마다 필수불가결한 단계적 이상이며, 마지막 목샤는 인생의 책임을 다한 후 그 모든 단계를 포기함을 목표로 삼는 궁극적인 단계이다.
6) 인생의 이상적 단계를 설정한 것으로서, 입문 의례를 통해서 배움의 단계에서 금욕과 정진을 하는 학습기, 학습을 마치고 가정을 꾸려 책임과 의무를 다하는 가장기, 자녀에 대한 의무를 마친 후 자신의 목표를 위해 숲으로 떠나는 숲 속 수행기, 마지막으로 숲이라도 머물기 시작하면 생기는 재산과 집착을 완전히 포기하고 유랑하는 기세기棄世期가 그것이다.

7) 제단의 불은 어떻게 놓는가, 짜뚜르마시야 의례의 구체적인 과정은 어떤 것인가. 이러한 세세한 내용을 실천하는 데는 여러 학파의 전통이 있었던 것으로 보인다.『리그 베다』와 직접적인 연관성을 두고 있는 아슈와라야나와 샹카야나 전통,『사마 베다』와 직접적인 연관성을 두고 있는 자이미니, 마나사까, 라띠야야나, 드라히야야나,『흑 야주르 베다』와 직접적인 연관성을 두고 있는 바우다야나, 마나와, 바라드와자, 아빠스땀바, 히란야께쉰,『백 야주르 베다』와 직접적인 연관성을 두고 있는 까띠야야나,『아타르와 베다』와 직접적인 연관성을 두고 있는 까우쉬따끼 전통 등이 있었다고 한다.

8) 이러한 의례는 브라만이 주체가 되는 것이 아니라 각 가정의 가장이 주체가 되는 것이다. 특히 대부분의 그리히야 수뜨라들은 결혼식에 관한 상세한 의례를 설명하는 것으로 시작된다. 여러 학파의 전통이 다소 차이가 있었기 때문에『아빠스땀바 그리히야 수뜨라』『바우다야나 그리히야 수뜨라』『아슈와리야나 그리히야 수뜨라』『샹카야나 그리히야 수뜨라』등은 같은 의례를 두고 세부 내용에 약간의 차이를 보인다.

9) 힌두교는 다양한 종교 현상과 양식을 아우르고 있다, 이것을 흔히 대전통과 소전통의 힌두교로 나누어 이해하기도 한다. 대전통의 힌두교라고 부르는 것은 베다를 비롯하여 베다 정신을 계승하는 힌두교 경전들을 통해 공식화된 신들에 대한 종교, 소전통의 힌두교는 그와는 달리 각 지역의 마을신 등 경전을 통해 공식화되지 않은 신들에 대한 종교를 지칭한다. 하지만 이러한 구분을 단순한 정형화, 범주화로 이해해서는 안된다. 소전통의 신들은 지금도 계속해서 새로운 신화를 통해 대전통의 신들과 관련을 맺고 있는 중이기 때문이다.

10) 다르마는 '지탱하다' '지키다'라는 뜻을 가진 산스끄리뜨 dr라는 어근에서 파생된 말로, 인간의 이상적인 행동거지를 규정하는 모든 규범을 의미한다. 따라서 이 용어는 법, 의무, 관습, 종교, 도덕, 정의, 자연의 법칙, 보편적 진리, 성인의 가르침과 같은 것들에까지 두루 사용된다.『마누 법전』에서는 창조자 브라흐마에 의거하는 세계 창조에 관한 신화를 다룸으로써 이러한 세계관을 바탕으로 사회 질서를 수호하고자 했다. 이 신화는 모든 질서의 기준인 다르마가 창조자 스스로에

의해 계시되어 선인들의 손에 의해 인간에게 전해졌음을 천명한다.

참고문헌

길희성 옮김, 『바가바드 기타』, 현음사, 1988.
베로니카 이온스, 『인도신화』, 범우사, 2004.
이재숙 옮김, 『마누 법전』, 한길사, 1999.
이재숙 옮김, 『우파니샤드』 I, II, 한길사, 1996.
이재숙, 「마누 법전의 다르마 사상」, 『인도연구』 제4집, 1999.
이재숙, 「인도 대서사시의 종교문학적 성격」, 『종교연구』 제22집, 2001.

Arthur A. Macdonell, *A Vedic Reader for Students*, Oxford University Press, 1990(reprint, first published in England 1917).

Chakradhar Bijalvan(ed.), *Brāhmaṇa Granthakhaṇḍaḥ*, Delhi Sanskrit Academy, 1997.

Edward Washburn Hopkins, *The Religions of India*, Munshiram Manoharlal, 1977(Third Edition).

Kireet Joshi, *The Veda and Indian Culture*, Rashtriya Veda Vidya Pratishthan, 1991.

Krishna Lal, *Vaidika Vaaāṅmaya Viślesaṇa*, J. P. Publishing House, 1993.

Louis Renou, *Hinduism*, George Braziller, 1962.

Nanavati Rajendra I, *Secondary Tales of the Two Great Epics,* L. D. Institute of Indology, 1982.

Pandit Ramachandrashastri Kinjawadekar(ed.), *The Mahābhārata with the Bharata Bhawadīpa Commentary of Nilkaṇṭha*, vol 1-6, Oriental Books Reprint Corporation.

Raimundo Panikkar, *The Vedic Experience Mantramañjarī*, Motilal Banarsidass, 1977.

Ramnarayana Shastri Pandey, *Śrimadvālmīkīya Rāmāyaṇa*,

Gitapress, 1991.

Shrikrishna Semval(ed.), *Vaidika-Khaṇḍaḥ*, Delhi Sanskrit Academy, 1997.

Urmila Rustagi, *Āaraṇyaka Khaṇḍaḥ*, Delhi Sanskrit Academy, 1999.

Vijay Nath, *Puranas and Acculturation: A Historico-anthropological perspective*, Munshiram Manoharlal, 2001.

Vivek Debroy, *Some aspects of Ramayana and the Mahabharata*, Commonwealth Publishers, 1992.

프랑스엔 〈크세주〉, 일본엔 〈이와나미 문고〉, 한국에는 〈살림지식총서〉가 있습니다.

📱 전자책 | 🔍 큰글자 | 🔊 오디오북

001 미국의 좌파와 우파 | 이주영 📱🔍
002 미국의 정체성 | 김형인 📱🔍
003 마이너리티 역사 | 손영호 📱
004 두 얼굴을 가진 하나님 | 김형인
005 MD | 정욱식 📱🔍
006 반미 | 김진웅 📱
007 영화로 보는 미국 | 김성곤 📱
008 미국 뒤집어보기 | 장석정
009 미국 문화지도 | 장석정
010 미국 메모랜덤 | 최성일
011 위대한 어머니 여신 | 장영란 📱🔍
012 변신이야기 | 김선자
013 인도신화의 계보 | 류경희 📱🔍
014 축제인류학 | 류정아 📱
015 오리엔탈리즘의 역사 | 정진농 📱🔍
016 이슬람 문화 | 이희수 📱
017 살롱문화 | 서정복 📱
018 추리소설의 세계 | 정규웅
019 애니메이션의 장르와 역사 | 이용배 📱
020 문신의 역사 | 조현설 📱
021 색채의 상징, 색채의 심리 | 박영수 📱
022 인체의 신비 | 이성주 📱
023 생물학무기 | 배우철
024 이 땅에서 우리말로 철학하기 | 이기상
025 중세는 정말 암흑기였나 | 이경재 📱🔍
026 미셸 푸코 | 양운덕 📱
027 포스트모더니즘에 대한 성찰 | 신승환 📱🔍
028 조폭의 계보 | 방성수
029 성스러움과 폭력 | 류성민 📱
030 성상 파괴주의와 성상 옹호주의 | 진형준 📱
031 UFO학 | 성시정
032 최면의 세계 | 설기문 📱
033 천문학 탐구자들 | 이면우
034 블랙홀 | 이충환 📱
035 법의학의 세계 | 이윤성 📱🔍
036 양자 컴퓨터 | 이순칠 📱
037 마피아의 계보 | 안혁 📱🔍
038 헬레니즘 | 윤진 📱
039 유대인 | 정성호 📱🔍
040 M. 엘리아데 | 정진홍 📱
041 한국교회의 역사 | 서정민 📱🔍
042 야훼와 바알 | 김남일 📱
043 캐리커처의 역사 | 박창석
044 한국 액션영화 | 오승욱 📱
045 한국 문예영화 이야기 | 김남석 📱
046 포켓몬 마스터 되기 | 김윤아 📱

047 판타지 | 송태현 📱
048 르 몽드 | 최연구 📱🔍
049 그리스 사유의 기원 | 김재홍 📱
050 영혼론 입문 | 이정우
051 알베르 카뮈 | 유기환 📱🔍
052 프란츠 카프카 | 편영수 📱
053 버지니아 울프 | 김희정 📱
054 재즈 | 최규용 📱🔍
055 뉴에이지 음악 | 양한수 📱
056 중국의 고구려사 왜곡 | 최광식 📱🔍
057 중국의 정체성 | 강준영 📱🔍
058 중국의 문화코드 | 강진석 🔍
059 중국사상의 뿌리 | 장현근 📱🔍
060 화교 | 정성호
061 중국인의 금기 | 장범성 📱
062 무협 | 문현선 📱
063 중국영화 이야기 | 임대근 📱
064 경극 | 송철규 📱
065 중국적 사유의 원형 | 박정근 📱🔍
066 수도원의 역사 | 최형걸 📱
067 현대 신학 이야기 | 박만 📱
068 요가 | 류경희 📱🔍
069 성공학의 역사 | 정해윤 📱
070 진정한 프로는 변화가 즐겁다 | 김학선 📱🔍
071 외국인 직접투자 | 송의달
072 지식의 성장 | 이한구 📱
073 사랑의 철학 | 이정은 📱
074 유교문화와 여성 | 김미영 📱
075 매체 정보란 무엇인가 | 구연상 📱🔍
076 피에르 부르디외와 한국사회 | 홍성민 📱
077 21세기 한국의 문화혁명 | 이정덕 📱
078 사건으로 보는 한국의 정치변동 | 양길현 📱🔍
079 미국을 만든 사상들 | 정경희 📱
080 한반도 시나리오 | 정욱식 📱🔍
081 미국인의 발견 | 우수근 📱
082 미국의 거장들 | 김홍국 📱
083 법으로 보는 미국 | 채동배
084 미국 여성사 | 이창신 📱
085 책과 세계 | 강유원 🔍
086 유럽왕실의 탄생 | 김현수 📱🔍
087 박물관의 탄생 | 전진성 📱
088 절대왕정의 탄생 | 임승휘 📱🔍
089 커피 이야기 | 김성윤 📱🔍
090 축구의 문화사 | 이은호
091 세기의 사랑 이야기 | 안재필 📱🔍
092 반연극의 계보와 미학 | 임준서 📱

093 한국의 연출가들 | 김남석
094 동아시아의 공연예술 | 서연호
095 사이코드라마 | 김정일
096 철학으로 보는 문화 | 신응철
097 장 폴 사르트르 | 변광배
098 프랑스 문화와 상상력 | 박기현
099 아브라함의 종교 | 공일주
100 여행 이야기 | 이진홍
101 아테네 | 장영란
102 로마 | 한형곤
103 이스탄불 | 이희수
104 예루살렘 | 최창모
105 상트 페테르부르크 | 방일권
106 하이델베르크 | 곽병휴
107 파리 | 김복래
108 바르샤바 | 최건영
109 부에노스아이레스 | 고부안
110 멕시코 시티 | 정혜주
111 나이로비 | 양철준
112 고대 올림픽의 세계 | 김복희
113 종교와 스포츠 | 이창익
114 그리스 미술 이야기 | 노성두
115 그리스 문명 | 최혜영
116 그리스와 로마 | 김덕수
117 알렉산드로스 | 조현미
118 고대 그리스의 시인들 | 김헌
119 올림픽의 숨은 이야기 | 장원재
120 장르 만화의 세계 | 박인하
121 성공의 길은 내 안에 있다 | 이숙영
122 모든 것을 고객중심으로 바꿔라 | 안상헌
123 중세와 토마스 아퀴나스 | 박주영
124 우주 개발의 숨은 이야기 | 정홍철
125 나노 | 이영희
126 초끈이론 | 박재모 · 현승준
127 안토니 가우디 | 손세관
128 프랭크 로이드 라이트 | 서수경
129 프랭크 게리 | 이일형
130 리차드 마이어 | 이성훈
131 안도 다다오 | 임채진
132 색의 유혹 | 오수연
133 고객을 사로잡는 디자인 혁신 | 신언모
134 양주 이야기 | 김준철
135 주역과 운명 | 심의용
136 학계의 금기를 찾아서 | 강성민
137 미 · 중 · 일 새로운 패권전략 | 우수근
138 세계지도의 역사와 한반도의 발견 | 김상근
139 신용하 교수의 독도 이야기 | 신용하
140 간도는 누구의 땅인가 | 이성환
141 말리노프스키의 문화인류학 | 김용환
142 크리스마스 | 이영제
143 바로크 | 신정아
144 페르시아 문화 | 신규섭
145 패션과 명품 | 이재진
146 프랑켄슈타인 | 장정희

147 뱀파이어 연대기 | 한혜원
148 위대한 힙합 아티스트 | 김정훈
149 살사 | 최명호
150 모던 걸, 여우 목도리를 버려라 | 김주리
151 누가 하이카라 여성을 데리고 사누 | 김미지
152 스위트 홈의 기원 | 백지혜
153 대중적 감수성의 탄생 | 강심호
154 에로 그로 넌센스 | 소래섭
155 소리가 만들어낸 근대의 풍경 | 이승원
156 서울은 어떻게 계획되었는가 | 염복규
157 부엌의 문화사 | 함한희
158 칸트 | 최인숙
159 사람은 왜 인정받고 싶어하나 | 이정은
160 지중해학 | 박상진
161 동북아시아 비핵지대 | 이삼성 외
162 서양 배우의 역사 | 김정수
163 20세기의 위대한 연극인들 | 김미혜
164 영화음악 | 박신영
165 한국독립영화 | 김수남
166 영화와 샤머니즘 | 이종승
167 영화로 보는 불륜의 사회학 | 황혜진
168 J.D. 샐린저와 호밀밭의 파수꾼 | 김성곤
169 허브 이야기 | 조태동 · 송진희
170 프로레슬링 | 성민수
171 프랑크푸르트 | 이기식
172 바그다드 | 이동은
173 아테네인, 스파르타인 | 윤진
174 정치의 원형을 찾아서 | 최자영
175 소르본 대학 | 서정복
176 테마로 보는 서양미술 | 권용준
177 칼 마르크스 | 박영균
178 허버트 마르쿠제 | 손철성
179 안토니오 그람시 | 김현우
180 안토니오 네그리 | 윤수종
181 박이문의 문학과 철학 이야기 | 박이문
182 상상력과 가스통 바슐라르 | 홍명희
183 인간복제의 시대가 온다 | 김홍재
184 수소 혁명의 시대 | 김미선
185 로봇 이야기 | 김문상
186 일본의 정체성 | 김필동
187 일본의 서양문화 수용사 | 정하미
188 번역과 일본의 근대 | 최경옥
189 전쟁국가 일본 | 이성환
190 한국과 일본 | 하우봉
191 일본 누드 문화사 | 최유경
192 주신구라 | 이준섭
193 일본의 신사 | 박규태
194 미야자키 하야오 | 김윤아
195 애니메이션으로 보는 일본 | 박규태
196 디지털 에듀테인먼트 스토리텔링 | 강심호
197 디지털 애니메이션 스토리텔링 | 배주영
198 디지털 게임의 미학 | 전경란
199 디지털 게임 스토리텔링 | 한혜원
200 한국형 디지털 스토리텔링 | 이인화

- 201 디지털 게임, 상상력의 새로운 영토 | 이정엽 🔲🔊
- 202 프로이트와 종교 | 권수영
- 203 영화로 보는 태평양전쟁 | 이동훈 🔲
- 204 소리의 문화사 | 김토일 🔲
- 205 극장의 역사 | 임종엽 🔲
- 206 뮤지엄건축 | 서상우
- 207 한옥 | 박명덕 🔲🔍
- 208 한국만화사 산책 | 손상익
- 209 만화 속 백수 이야기 | 김성훈
- 210 코믹스 만화의 세계 | 박석환 🔲
- 211 북한만화의 이해 | 김성훈·박소현
- 212 북한 애니메이션 | 이대연·김경임
- 213 만화로 보는 미국 | 김기홍
- 214 미생물의 세계 | 이재열 🔲
- 215 빛과 색 | 변종철 🔲
- 216 인공위성 | 장영근 🔲
- 217 문화콘텐츠란 무엇인가 | 최연구 🔲🔍
- 218 고대 근동의 신화와 종교 | 강성열 🔲
- 219 신비주의 | 금인숙
- 220 십자군, 성전과 약탈의 역사 | 진원숙
- 221 종교개혁 이야기 | 이성덕 🔲
- 222 자살 | 이진홍 🔲
- 223 성, 그 억압과 진보의 역사 | 윤가현 🔲🔍
- 224 아파트의 문화사 | 박철수 🔲
- 225 권오길 교수가 들려주는 생물의 섹스 이야기 | 권오길 🔲
- 226 동물행동학 | 임신재 🔲
- 227 한국 축구 발전사 | 김성원 🔲
- 228 월드컵의 위대한 전설들 | 서준형
- 229 월드컵의 강국들 | 심재희
- 230 스포츠마케팅의 세계 | 박찬혁
- 231 일본의 이중권력, 쇼군과 천황 | 다카시로 고이치
- 232 일본의 사소설 | 안영희 🔲
- 233 글로벌 매너 | 박한표
- 234 성공하는 중국 진출 가이드북 | 우수근
- 235 20대의 정체성 | 정성호 🔲
- 236 중년의 사회학 | 정성호 🔲
- 237 인권 | 차병직 🔲
- 238 헌법재판 이야기 | 오호택 🔲
- 239 프라하 | 김규진 🔲
- 240 부다페스트 | 김성진 🔲
- 241 보스턴 | 황선희 🔲
- 242 돈황 | 전인초 🔲
- 243 보들레르 | 이건수 🔲
- 244 돈 후안 | 정동섭 🔲
- 245 사르트르 참여문학론 | 변광배 🔲
- 246 문체론 | 이종오 🔲
- 247 올더스 헉슬리 | 김효원 🔲
- 248 탈식민주의에 대한 성찰 | 박종성 🔲🔍
- 249 서양 무기의 역사 | 이내주 🔲
- 250 백화점의 문화사 | 김인호 🔲
- 251 초콜릿 이야기 | 정한진 🔲
- 252 향신료 이야기 | 정한진 🔲
- 253 프랑스 미식 기행 | 심순철
- 254 음식 이야기 | 윤진아 🔲🔍
- 255 비틀스 | 고영탁 🔲
- 256 현대시와 불교 | 오세영
- 257 불교의 선악론 | 안옥선 🔍
- 258 질병의 사회사 | 신규환 🔲🔍
- 259 와인의 문화사 | 고형욱 🔲
- 260 와인, 어떻게 즐길까 | 김준철 🔲
- 261 노블레스 오블리주 | 예종석 🔲🔍
- 262 미국인의 탄생 | 김진웅 🔲
- 263 기독교의 교파 | 남병두 🔲🔍
- 264 플로티노스 | 조규홍 🔲
- 265 아우구스티누스 | 박경숙 🔲
- 266 안셀무스 | 김영철 🔲
- 267 중국 종교의 역사 | 박종우 🔲
- 268 인도의 신화와 종교 | 정광흠
- 269 이라크의 역사 | 공일주 🔲
- 270 르 코르뷔지에 | 이관석 🔲
- 271 김수영, 혹은 시적 양심 | 이은정 🔲🔍🔊
- 272 의학사상사 | 여인석 🔲
- 273 서양의학의 역사 | 이재담 🔲
- 274 몸의 역사 | 강신익 🔲
- 275 인류를 구한 항균제들 | 예병일
- 276 전쟁의 판도를 바꾼 전염병 | 예병일 🔲
- 277 사상의학 바로 알기 | 장동민 🔲🔍
- 278 조선의 명의들 | 김호 🔲
- 279 한국인의 관계심리학 | 권수영 🔲
- 280 모건의 가족 인류학 | 김용환
- 281 예수가 상상한 그리스도 | 김호경 🔲
- 282 사르트르와 보부아르의 계약결혼 | 변광배 🔲🔍
- 283 초기 기독교 이야기 | 진원숙 🔲
- 284 동유럽의 민족 분쟁 | 김철민 🔲
- 285 비잔틴제국 | 진원숙 🔲
- 286 오스만제국 | 진원숙 🔲
- 287 별을 보는 사람들 | 조상호
- 288 한미 FTA 후 직업의 미래 | 김준성 🔲
- 289 구조주의와 그 이후 | 김종우 🔲
- 290 아도르노 | 이종하 🔲
- 291 프랑스 혁명 | 서정복 🔲🔍
- 292 메이지유신 | 장인성 🔲
- 293 문화대혁명 | 백승욱 🔲🔍
- 294 기생 이야기 | 신현규 🔲
- 295 에베레스트 | 김법모 🔲
- 296 빈 | 인성기 🔲
- 297 발트3국 | 서진석 🔲
- 298 아일랜드 | 한일동 🔲
- 299 이케다 하야토 | 권혁기 🔲
- 300 박정희 | 김성진 🔲🔊
- 301 리콴유 | 김성진 🔲
- 302 덩샤오핑 | 박형기 🔲
- 303 마거릿 대처 | 박동운 🔲🔊
- 304 로널드 레이건 | 김형곤 🔲🔍
- 305 셰이크 모하메드 | 최진영 🔲
- 306 유엔사무총장 | 김정태 🔲
- 307 농구의 탄생 | 손대범 🔲
- 308 홍차 이야기 | 정은희 🔲🔍

309 인도 불교사 | 김미숙
310 아힌사 | 이정호
311 인도의 경전들 | 이재숙
312 글로벌 리더 | 백형찬
313 탱고 | 배수경
314 미술경매 이야기 | 이규현
315 달마와 그 제자들 | 우봉규
316 화두와 좌선 | 김호귀
317 대학의 역사 | 이광주
318 이슬람의 탄생 | 진원숙
319 DNA분석과 과학수사 | 박기원
320 대통령의 탄생 | 조지형
321 대통령의 퇴임 이후 | 김형곤
322 미국의 대통령 선거 | 윤용희
323 프랑스 대통령 이야기 | 최연구
324 실용주의 | 이유선
325 맥주의 세계 | 원융희
326 SF의 법칙 | 고장원
327 원효 | 김원명
328 베이징 | 조창완
329 상하이 | 김윤희
330 홍콩 | 유영하
331 중화경제의 리더들 | 박형기
332 중국의 엘리트 | 주장환
333 중국의 소수민족 | 정재남
334 중국을 이해하는 9가지 관점 | 우수근
335 고대 페르시아의 역사 | 유흥태
336 이란의 역사 | 유흥태
337 에스파한 | 유흥태
338 번역이란 무엇인가 | 이향
339 해체론 | 조규형
340 자크 라캉 | 김용수
341 하지홍 교수의 개 이야기 | 하지홍
342 다방과 카페, 모던보이의 아지트 | 장유정
343 역사 속의 채식인 | 이광조
344 보수와 진보의 정신분석 | 김용신
345 저작권 | 김기태
346 왜 그 음식은 먹지 않을까 | 정한진
347 플라멩코 | 최명호
348 월트 디즈니 | 김지영
349 빌 게이츠 | 김익현
350 스티브 잡스 | 김상훈
351 잭 웰치 | 하정필
352 워렌 버핏 | 이민주
353 조지 소로스 | 김성진
354 마쓰시타 고노스케 | 권혁기
355 도요타 | 이우광
356 기술의 역사 | 송성수
357 미국의 총기 문화 | 손영호
358 표트르 대제 | 박지배
359 조지 워싱턴 | 김형곤
360 나폴레옹 | 서정복
361 비스마르크 | 김장수
362 모택동 | 김승일
363 러시아의 정체성 | 기연수
364 너는 시방 위험한 로봇이다 | 오은
365 발레리나를 꿈꾼 로봇 | 김선혁
366 로봇 선생님 가라사대 | 안동근
367 로봇 디자인의 숨겨진 규칙 | 구신애
368 로봇을 향한 열정, 일본 애니메이션 | 안병욱
369 도스토예프스키 | 박영은
370 플라톤의 교육 | 장영란
371 대공황 시대 | 양동휴
372 미래를 예측하는 힘 | 최연구
373 꼭 알아야 하는 미래 질병 10가지 | 우정헌
374 과학기술의 개척자들 | 송성수
375 레이첼 카슨과 침묵의 봄 | 김재호
376 좋은 문장 나쁜 문장 | 송준호
377 바울 | 김호경
378 테킬라 이야기 | 최명호
379 어떻게 일본 과학은 노벨상을 탔는가 | 김범성
380 기후변화 이야기 | 이유진
381 상송 | 전금주
382 이슬람 예술 | 전완경
383 페르시아의 종교 | 유흥태
384 삼위일체론 | 유해무
385 이슬람 율법 | 공일주
386 금강경 | 곽철환
387 루이스 칸 | 김낙중 · 정태용
388 톰 웨이츠 | 신주현
389 위대한 여성 과학자들 | 송성수
390 법원 이야기 | 오호택
391 명예훼손이란 무엇인가 | 안상운
392 사법권의 독립 | 조지형
393 피해자학 강의 | 장규원
394 정보공개란 무엇인가 | 안상운
395 적정기술이란 무엇인가 | 김정태 · 홍성욱
396 치명적인 금융위기, 왜 유독 대한민국인가 | 오형규
397 지방자치단체, 돈이 새고 있다 | 최인욱
398 스마트 위험사회가 온다 | 민경식
399 한반도 대재난, 대책은 있는가 | 이정직
400 불안사회 대한민국, 복지가 해답인가 | 신광영
401 21세기 대한민국 대외전략 | 김기수
402 보이지 않는 위협, 종북주의 | 류현수
403 우리 헌법 이야기 | 오호택
404 핵심 중국어 간체자(簡体字) | 김현정
405 문화생활과 문화주택 | 김용범
406 미래주거의 대안 | 김세용 · 이재준
407 개방과 폐쇄의 딜레마, 북한의 이중적 경제 | 남성욱·정유석
408 연극과 영화를 통해 본 북한 사회 | 민병욱
409 먹기 위한 개방, 살기 위한 핵외교 | 김계동
410 북한 정권 붕괴 가능성과 대비 | 전경주
411 북한을 움직이는 힘, 군부의 패권경쟁 | 이영훈
412 인민의 천국에서 벌어지는 인권유린 | 허만호
413 성공을 이끄는 마케팅 법칙 | 추성엽
414 커피로 알아보는 마케팅 베이직 | 김민주
415 쓰나미의 과학 | 이호준
416 20세기를 빛낸 극작가 20인 | 백승무

417 20세기의 위대한 지휘자 | 김문경
418 20세기의 위대한 피아니스트 | 노태헌
419 뮤지컬의 이해 | 이동섭
420 위대한 도서관 건축 순례 | 최정태
421 아름다운 도서관 오디세이 | 최정태
422 롤링 스톤즈 | 김기범
423 서양 건축과 실내디자인의 역사 | 천진희
424 서양 가구의 역사 | 공혜원
425 비주얼 머천다이징&디스플레이 디자인 | 강희수
426 호감의 법칙 | 김경호
427 시대의 지성, 노암 촘스키 | 임기대
428 역사로 본 중국음식 | 신계숙
429 일본요리의 역사 | 박병학
430 한국의 음식문화 | 도현신
431 프랑스 음식문화 | 민혜련
432 중국차 이야기 | 조은아
433 디저트 이야기 | 안호기
434 치즈 이야기 | 박승용
435 면(麵) 이야기 | 김한송
436 막걸리 이야기 | 정은숙
437 알렉산드리아 비블리오테카 | 남태우
438 개헌 이야기 | 오호택
439 전통 명품의 보고, 규장각 | 신병주
440 에로스의 예술, 발레 | 김도윤
441 소크라테스를 알라 | 장영란
442 소프트웨어가 세상을 지배한다 | 김재호
443 국제난민 이야기 | 김철민
444 셰익스피어 그리고 인간 | 김도윤
445 명상이 경쟁력이다 | 김필수
446 갈매나무의 시인 백석 | 이숭원
447 브랜드를 알면 자동차가 보인다 | 김흥식
448 파이온에서 힉스 입자까지 | 이강영
449 알고 쓰는 화장품 | 구희연
450 희망이 된 인문학 | 김호연
451 한국 예술의 큰 별 동랑 유치진 | 백형찬
452 경허와 그 제자들 | 우봉규
453 논어 | 윤홍식
454 장자 | 이기동
455 맹자 | 장현근
456 관자 | 신창호
457 순자 | 윤무학
458 미사일 이야기 | 박준복
459 사주(四柱) 이야기 | 이지형
460 영화로 보는 로큰롤 | 김기범
461 비타민 이야기 | 김정환
462 장군 이순신 | 도현신
463 전쟁의 심리학 | 이윤규
464 미국의 장군들 | 여영무
465 첨단무기의 세계 | 양낙규
466 한국무기의 역사 | 이내주
467 노자 | 임헌규
468 한비자 | 윤찬원
469 묵자 | 박문현
470 나는 누구인가 | 김용신

471 논리적 글쓰기 | 여세주
472 디지털 시대의 글쓰기 | 이강룡
473 NLL을 말하다 | 이상철
474 뇌의 비밀 | 서유헌
475 버트런드 러셀 | 박병철
476 에드문트 후설 | 박인철
477 공간 해석의 지혜, 풍수 | 이지형
478 이야기 동양철학사 | 강성률
479 이야기 서양철학사 | 강성률
480 독일 계몽주의의 유학적 기초 | 전홍석
481 우리말 한자 바로쓰기 | 안광희
482 유머의 기술 | 이상훈
483 관상 | 이태룡
484 가상학 | 이태룡
485 역경 | 이태룡
486 대한민국 대통령들의 한국경제 이야기 1 | 이장규
487 대한민국 대통령들의 한국경제 이야기 2 | 이장규
488 별자리 이야기 | 이형철 외
489 셜록 홈즈 | 김재성
490 역사를 움직인 중국 여성들 | 이양자
491 중국 고전 이야기 | 문승용
492 발효 이야기 | 이미란
493 이승만 평전 | 이주영
494 미군정시대 이야기 | 차상철
495 한국전쟁사 | 이희진
496 정전협정 | 조성훈
497 북한 대남 침투도발사 | 이윤규
498 수상 | 이태룡
499 성명학 | 이태룡
500 결혼 | 남정욱
501 광고로 보는 근대문화사 | 김병희
502 시조의 이해 | 임형선
503 일본인은 왜 속마음을 말하지 않을까 | 임영철
504 내 사랑 아다지오 | 양태조
505 수프림 오페라 | 김도윤
506 바그너의 이해 | 서정원
507 원자력 이야기 | 이정익
508 이스라엘과 창조경제 | 정성호
509 한국 사회 빈부의식은 어떻게 변했는가 | 김용신
510 요하문명과 한반도 | 우실하
511 고조선왕조실록 | 이희진
512 고구려조선왕조실록 1 | 이희진
513 고구려조선왕조실록 2 | 이희진
514 백제왕조실록 1 | 이희진
515 백제왕조실록 2 | 이희진
516 신라왕조실록 1 | 이희진
517 신라왕조실록 2 | 이희진
518 신라왕조실록 3 | 이희진
519 가야왕조실록 | 이희진
520 발해왕조실록 | 구난희
521 고려왕조실록 1 (근간)
522 고려왕조실록 2 (근간)
523 조선왕조실록 1 | 이성무
524 조선왕조실록 2 | 이성무

525 조선왕조실록 3 | 이성무
526 조선왕조실록 4 | 이성무
527 조선왕조실록 5 | 이성무
528 조선왕조실록 6 | 편집부
529 정한론 | 이기용
530 청일전쟁 (근간)
531 러일전쟁 (근간)
532 이슬람 전쟁사 | 진원숙
533 소주이야기 | 이지형
534 북한 남침 이후 3일간, 이승만 대통령의 행적 | 남정옥
535 제주 신화 1 | 이석범
536 제주 신화 2 | 이석범
537 제주 전설 1 | 이석범
538 제주 전설 2 | 이석범
539 제주 전설 3 | 이석범
540 제주 전설 4 | 이석범
541 제주 전설 5 | 이석범
542 제주 민담 | 이석범
543 서양의 명장 | 박기련
544 동양의 명장 | 박기련
545 루소, 교육을 말하다 | 고봉만·황성원
546 철학으로 본 앙트러프러너십 | 전인수
547 예술과 앙트러프러너십 | 조명계
548 예술마케팅 | 전인수
549 비즈니스상상력 | 전인수
550 개념설계의 시대 | 전인수
551 미국 독립전쟁 | 김형곤
552 미국 남북전쟁 | 김형곤
553 초기불교 이야기 | 곽철환
554 한국가톨릭의 역사 | 서정민
555 시아 이슬람 | 유흥태
556 스토리텔링에서 스토리두잉으로 | 윤주
557 백세시대의 지혜 | 신현동
558 구보 씨가 살아온 한국 사회 | 김병희
559 정부광고로 보는 일상생활사 | 김병희
560 정부광고의 국민계몽 캠페인 | 김병희
561 도시재생이야기 | 윤주
562 한국의 핵무장 | 김재엽
563 고구려 비문의 비밀 | 정호섭
564 비슷하면서도 다른 한중문화 | 장범성
565 급변하는 현대 중국의 일상 | 장시,리우린,장범성
566 중국의 한국 유학생들 | 왕링윈, 장범성
567 밥 딜런 그의 나라에는 누가 사는가 | 오민석
568 언론으로 본 정부 정책의 변천 | 김병희
569 전통과 보수의 나라 영국 1-영국 역사 | 한일동
570 전통과 보수의 나라 영국 2-영국 문화 | 한일동
571 전통과 보수의 나라 영국 3-영국 현대 | 김언조
572 제1차 세계대전 | 윤형호
573 제2차 세계대전 | 윤형호
574 라벨로 보는 프랑스 포도주의 이해 | 전경준
575 미셸 푸코, 말과 사물 | 이규현
576 프로이트, 꿈의 해석 | 김석
577 왜 5왕 | 홍성화
578 소가씨 4대 | 나행주
579 미나모토노 요리토모 | 남기학
580 도요토미 히데요시 | 이계황
581 요시다 쇼인 | 이희복
582 시부사와 에이이치 | 양의모
583 이토 히로부미 | 방광석
584 메이지 천황 | 박진우
585 하라 다카시 | 김영숙
586 히라쓰카 라이초 | 정애영
587 고노에 후미마로 | 김봉식
588 모방이론으로 본 시장경제 | 김진식
589 보들레르의 풍자적 현대문명 비판 | 이건수
590 원시유교 | 한성구
591 도가 | 김대근
592 춘추전국시대의 고민 | 김현주
593 사회계약론 | 오수웅

인도의 경전들 베다 본집에서 마누 법전까지

펴낸날	초판 1쇄 2007년 11월 5일
	초판 4쇄 2021년 6월 15일
지은이	이재숙
펴낸이	심만수
펴낸곳	(주)살림출판사
출판등록	1989년 11월 1일 제9-210호
주소	경기도 파주시 광인사길 30
전화	031-955-1350 팩스 031-624-1356
홈페이지	http://www.sallimbooks.com
이메일	book@sallimbooks.com
ISBN	978-89-522-0732-6 04080
	978-89-522-0096-9 04080(세트)

※ 값은 뒤표지에 있습니다.
※ 잘못 만들어진 책은 구입하신 서점에서 바꾸어 드립니다.

함께 읽으면 좋은 책

종교 · 신화 · 인류학

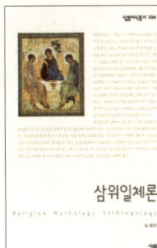

384 삼위일체론

eBook

유해무(고려신학대학교 교수)

기독교에서 믿는 하나님은 어떤 존재일까? 성부 하나님과 성자 예수, 그리고 성령이 계시며, 이분들이 한 하나님임을 이야기하는 삼위일체론은 기독교 교회가 믿고 고백하는 핵심 교리다. 신구약 성경에 이 교리가 어떻게 나타나 있으며, 초기 기독교 교회의 예배와 의식에서 어떻게 구현되었고, 2천 년 동안의 교회 역사를 통해 어떤 도전과 변화를 겪으며 정식화되었는지를 일목요연하게 정리했다.

315 달마와 그 제자들

eBook

우봉규(소설가)

동아시아 불교의 특징은 선(禪)이다. 그리고 선 전통의 터를 닦은 이가 달마와 그에서 이어지는 여섯 조사들이다. 이 책은 달마, 혜가, 승찬, 도신, 홍인, 혜능으로 이어지는 선승들의 이야기를 통해 선불교의 기본사상을 이해하도록 돕는다.

041 한국교회의 역사

eBook

서정민(연세대 신학과 교수)

국내 전체인구의 25%를 점하고 있는 기독교. 하지만 우리는 한국 기독교의 역사에 대해서 너무나 무지하다. 이 책은 한국에 기독교가 처음 소개되던 당시의 수용과 갈등의 역사, 일제의 점령과 3·1운동 그리고 6·25 전쟁 등 굵직굵직한 한국사에서의 기독교의 역할과 저항, 한국 기독교가 분열되고 성장해 왔던 과정 등을 소개한다.

067 현대 신학 이야기

eBook

박만(부산장신대 신학과 교수)

이 책은 현대 신학의 대표적인 학자들과 최근의 신학계의 흐름을 해설한다. 20세기 전반기의 대표적인 신학자인 칼 바르트와 폴 틸리히, 디트리히 본회퍼, 그리고 현대 신학의 중요한 흐름인 해방신학과 과정신학 및 생태계 신학 등이 지닌 의미와 한계가 무엇인지를 친절하게 소개하고 있다.

종교·신화·인류학

099 아브라함의 종교 유대교기독교이슬람교 `eBook`

공일주(요르단대 현대언어과 교수)

이 책은 유대교, 이슬람교, 기독교가 아브라함이라는 동일한 뿌리에서 갈라져 나왔다는 점에 주목한다. 저자는 이를 추적함으로써 각각의 종교를 그리고 그 종교에서 나온 정치적, 역사적 흐름을 설명한다. 이스라엘과 팔레스타인으로 대변되는 다툼의 중심에는 신이 아브라함에게 그 땅을 주겠다는 약속이 있음을 명쾌하게 밝히고 있다.

221 종교개혁 이야기 `eBook`

이성덕(배재대 복지신학과 교수)

종교개혁은 단지 교회사적인 사건이 아닌, 유럽의 종교·사회·정치적 지형도를 바꾸어 놓은 사건이다. 이 책은 16세기 극렬한 투쟁 속에서 생겨난 개신교와 로마 카톨릭 간의 분열을 그 당시 치열한 삶을 살았던 개혁가들의 투쟁을 통해 보여 주고 있다. 마르틴 루터, 츠빙글리, 칼빈으로 이어지는 종파적 대립과 종교전쟁의 역사들이 한 편의 소설처럼 펼쳐진다.

263 기독교의 교파

남병두(침례신학대학교 교수)

하나의 교회가 역사적으로 어떻게 다양한 교파로 발전해왔는지를 한눈에 보여주는 책. 교회의 시작과 이단의 출현, 신앙 논쟁과 이를 둘러싼 갈등 등이 파노라마처럼 펼쳐진다. 사도행전에 나타난 교회의 시작과 이단의 출현에서부터 초기 교회의 분열, 로마가톨릭과 동방정교회의 분열, 16세기 종교개혁을 지나 18세기의 감리교와 성결운동까지 두루 살펴본다.

386 금강경

곽철환(동국대 인도철학과 졸업)

『금강경』은 대한불교조계종이 근본 경전으로 삼는 소의경전(所依經典)이다. 『금강경』의 핵심은 지혜의 완성이다. 즉 마음에 각인된 고착 관념이 허물어져 어디에도 집착하지 않는 상태를 말한다. 이 책은 구마라집의 『금강반야바라밀경』을 저본으로 삼아 해설했으며, 기존 번역의 문제점까지 일일이 지적해 독자들의 이해를 돕고자 했다.

종교·신화·인류학

013 인도신화의 계보　　eBook

류경희(서울대 강사)

살아 있는 신화의 보고인 인도 신들의 계보와 특성, 신화 속에 담긴 사상과 가치관, 인도인의 세계관을 쉽게 설명한 책. 우주와 인간의 관계에 대한 일원론적 이해, 우주와 인간 삶의 순환적 시간관, 사회와 우주의 유기적 질서체계를 유지하려는 경향과 생태주의적 삶의 태도 등이 소개된다.

309 인도 불교사 붓다에서 암베드카르까지　　eBook

김미숙(동국대 강사)

가우타마 붓다와 그로부터 시작된 인도 불교의 역사를 흥미롭고도 일목요연하게 정리한 책. 붓다가 출가해서, 그를 따르는 무리들이 생겨나고, 붓다가 생애를 마친 후 그 말씀을 보존하기 위해 경전을 만드는 등의 이야기들이 한눈에 들어온다. 또한 최근 인도에서 다시 불고 있는 불교의 바람에 대해 소개한다.

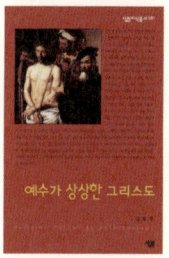

281 예수가 상상한 그리스도

김호경(서울장신대학교 교수)

예수가 그리스도라는 것은 어떤 의미인가? 이 책은 신앙적 고백과 백과사전적 지식 사이에서 현재 예수 그리스도가 가진 의미를 묻고 있다. 저자는 이러한 문제의식을 바탕으로 예수가 보여준 질서와 가치가 우리와 얼마나 다른지, 그를 따르는 것이 왜 우리에게 익숙하지 않은 일인지를 보여주고 있다.

346 왜 그 음식은 먹지 않을까　　eBook

정한진(창원전문대 식품조리과 교수)

세계에는 수많은 금기음식들이 있다. 유대인과 이슬람교도들은 돼지고기를 먹지 않고, 힌두교도의 대부분은 소고기를 먹지 않는다. 개고기 식용에 관해서도 말들이 많다. 그들은 왜 그 음식들을 먹지 않는 것일까? 음식 금기 현상에 접근하는 다양한 방식을 통해 그 유래와 문화적 배경을 살펴보자.

종교·신화·인류학

`eBook` 표시가 되어있는 도서는 전자책으로 구매가 가능합니다.

- 011 위대한 어머니 여신 | 장영란 `eBook`
- 012 변신이야기 | 김선자
- 013 인도신화의 계보 | 류경희 `eBook`
- 014 축제인류학 | 류정아 `eBook`
- 029 성스러움과 폭력 | 류성민 `eBook`
- 030 성상 파괴주의와 성상 옹호주의 | 진형준 `eBook`
- 031 UFO학 | 성시정 `eBook`
- 040 M. 엘리아데 | 정진홍 `eBook`
- 041 한국교회의 역사 | 서정민 `eBook`
- 042 야웨와 바알 | 김남일 `eBook`
- 066 수도원의 역사 | 최형걸 `eBook`
- 067 현대 신학 이야기 | 박만 `eBook`
- 068 요가 | 류경희 `eBook`
- 099 아브라함의 종교 | 공일주 `eBook`
- 141 말리노프스키의 문화인류학 | 김용환
- 218 고대 근동의 신화와 종교 | 강성열 `eBook`
- 219 신비주의 | 금인숙 `eBook`
- 221 종교개혁 이야기 | 이성덕 `eBook`
- 257 불교의 선악론 | 안옥선
- 263 기독교의 교파 | 남병두
- 264 플로티노스 | 조규홍
- 265 아우구스티누스 | 박경숙
- 266 안셀무스 | 김영철
- 267 중국 종교의 역사 | 박종우
- 268 인도의 신화와 종교 | 정광흠
- 280 모건의 가족 인류학 | 김용환
- 281 예수가 상상한 그리스도 | 김호경
- 309 인도 불교사 | 김미숙 `eBook`
- 310 아힌사 | 이정호
- 311 인도의 경전들 | 이재숙 `eBook`
- 315 달마와 그 제자들 | 우봉규 `eBook`
- 316 화두와 좌선 | 김호귀 `eBook`
- 327 원효 | 김원명
- 346 왜 그 음식은 먹지 않을까 | 정한진
- 377 바울 | 김호경 `eBook`
- 383 페르시아의 종교 | 유흥태
- 384 삼위일체론 | 유해무 `eBook`
- 386 금강경 | 곽철환
- 452 경허와 그 제자들 | 우봉규 `eBook`
- 500 결혼 | 남정욱 `eBook`

㈜**사림출판사**
www.sallimbooks.com
주소 경기도 파주시 문발동 522-1 | 전화 031-955-1350 | 팩스 031-955-1355